The Nervous Housewife

那些一家之主的內耗心事

別讓生活中的大小事，磨去你的本來風采！
哈佛醫學院教授的溫柔洞察

亞伯拉罕・邁爾森 著
Abraham Myerson

郭曉燕 譯

目次

導讀

妳已經做得很好了

從《那些一家之主的內耗心事》看現代女性的困境

郭曉燕　臨床心理師

隨著工業社會興起、生活日益方便，家庭主婦或職業婦女的壓力是越大還是越小？《那些一家之主的內耗心事》開宗明義便提到，雖然家庭主婦神經官能症[1]的問題一直存在（也許自遠古時代就已出現），但工業化、都市化的社會環境加劇了這一現象。如同佛洛伊德的觀察，「文明的代價就是神經症」。

1　編注：「神經官能症」原文 neurosis，臺灣多譯為「精神官能症」。考慮到本書成書年代，神經醫學與精神醫學尚未明確分家，談及相關症狀時仍多牽涉神經一詞，故採「神經官能症」之譯名，以利後續行文脈絡連貫。然隨醫學與時代發展，該詞已非正式診斷用語，故在本書裡，或可將其簡單理解為「因焦慮與壓力所引起的疲勞、憂鬱、恐慌等廣泛身心症狀」，而非單一心理疾患。

本書作者亞伯拉罕・邁爾森是美國二十世紀著名神經學家與精神科醫師，曾任職哈佛大學臨床精神病學教授，出版了十本書和多篇學術論文。本書是最早由精神病學專家撰寫的自助書，首次出版後的幾十年內一直廣受大眾歡迎，且備受其他精神科醫師和心理師推崇，亦被譽為對女性歷史具有重要意義的書籍之一，直到二〇二二年仍持續再版。在臺灣，則由獨具慧眼的「奇光出版」引入，於二〇二四年首度推出繁體中文版。

早期醫學主要抱持身心合一的看法，神經醫學和精神醫學並非各立門戶。直到二十世紀，才漸漸分化、獨立出神經科和精神科，現代醫療也開始主張身心二元論。然而近十幾年來，醫療領域重新重視身體和心理的相互影響，認為二者密不可分。正如邁爾森在本書所強調，家庭主婦的神經症狀既是身體上的，也是心理上的。

邁爾森認為，工業化和女性主義帶來的重大社會變革，是家庭主婦神經官能症的主要原因。工業化改變了家庭的功能，貶低了家務工作的價值；此外，家務的單調、社交隔離、久坐的靜態生活模式，更對家庭主婦造成不良影響。女性主義則提升了女性的社會地位和自我期許，她們開始意識到自己是獨立的個體，而不是文明社會的奴隸，因此越來越不甘於被傳統家庭主婦角色給束縛。邁爾森進一步闡述四種容易受環境影響而削弱能量的女性類型：過度敏感型、過度盡責型、過度情緒化型和非家庭型。雖然這些特質可能令某些家庭主婦易於罹患神經官能症，但邁爾森仍強調「形塑社會的巨大力量和女性的生活環境才是導致她們神經衰弱的主要原因」。因此，他在本書中致力於說明家務勞動、育兒以及婚姻關係如何引發家庭主婦的神經官能症。

在現代社會，越來越多育兒專家教導女性如何當個好母親（卻很少談到父親的天職），然而這些建議往往彼此矛盾。邁爾森同樣批評了育兒教育帶來的壓倒性訊息，他認為，現代母親過度重視孩子福祉，加上龐大的訊息量，導致女性對孩子生活的細節越來越關注。母親們花費過多時間煩惱如何做出正確的育兒決策，因此育兒也使得她們不堪重負，甚至感到自己毫無價值。

邁爾森並沒有將育兒責任完全歸於母親，他在書中強調丈夫作為父親和家庭中的重要夥伴的角色，並認為夫妻關係是影響家庭主婦整體健康的另一項重要因素。邁爾森注意到，隨著女性的需求增加，婚姻制度更像是夫妻之間的夥伴關係，但男女對婚姻的看法仍有差異。他在另一篇文章寫道：「夫妻雖住在同一屋簷下，在同一張餐桌吃飯，依賴同樣的收入來源，卻生活在不同的世界。不管男女在年齡、教育和社會地位上多麼相似，兩性卻受到不同的社會傳統和期望的影響。」這些差異最終會導致衝突，引發負面情緒，進而出現神經官能症。婚後最大的挑戰之一，就是如何在「個體化」和「不過度膨脹的自我」之間取得平衡。

除了指出家庭主婦神經衰弱的原因，邁爾森也提供一系列實用指南和案例，幫助讀者了解如何改善家庭主婦的生活處境，從而緩解她們的身心症狀，並改善家庭關係。此外，邁爾森亦指出現代生活的其他問題，例如：隨著人們愈益追求精緻化，「擺盤和用餐氛圍變得比食物本身更重要……語言變成了玩弄思想的手段，而非表達思想的工具；思想本身也蔑視最基本、最根源的事物，而忙於應付變幻莫測的生活」。又如他對資本主義社會的抨擊：「一個勤奮工作、對社會有益的男人，生病後卻被棄之不顧，這體現了社會的不公正和效率低下；一個女人在這種情況下必須獨自承擔所有壓力，這反映了社會愚蠢和殘酷的一面」。本書篇幅不長，但每個人或許都可以從中獲得新的洞見和啟發。

有天我和好友（一位兒青臨床心理師）聊到家人在教養上的挫折，她提醒我除了提供協助，還可以鼓勵家人：「妳已經做得很好了，妳的孩子已經有進步了。」確實，我們不需要主動給予別人教養上的建議，但可以適時對身旁每一個在教養路上艱辛奮鬥的大人說：「辛苦了，妳／你已經做得很好了。」

CHAPTER 01

家庭主婦的內耗從何而來？

導論

Introductory

「家庭主婦神經官能症」的問題由來多久？

在史前時代，半神話般的原始人（這也許只是偽科學說法）打獵歸來，回到洞穴時，是否會發現他那以樹葉蔽體的妻子正因忙不完的家事和哭鬧的孩子而啜泣？原始人妻子是否會抱怨腰痠背痛，並在每次與丈夫爭吵後感到頭痛加劇？她是否也會不停發牢騷，直到丈夫無法忍受，只得一走了之，到外頭尋找慰藉？

我們無從得知，但從現況可以明確看到：在當今社會，「家庭主婦神經官能症」的問題確實普遍存在。家庭主婦多少都會緊張不安，即使是有錢有閒的貴婦也不例外，畢竟財富無法讓人免於神經緊繃，不過貧窮確實會使家庭主婦更容易患上這種「職業病」。每位執業醫師、每家醫療院所，都會遇到這樣的棘手案例，醫療人員雖然同情並關切她們的困境，卻往往束手無策。這些婦女四處尋求專家協助，從骨科、婦科、放射科……到神經科，不斷嘗試各種治療方法，到最後，她們幾乎吃遍藥典中的各類藥物，穿上矯正足弓的鞋墊，戴上新配的眼鏡，修補了牙齒，調理了五臟六腑，還試過水療、電療、整骨，甚至基督科學療法！[2]情形卻依然沒有好轉。

上述是比較極端的案例，但即便是較輕微者，也可能背負著身心的痛苦和折磨度過一生。家庭主婦最常見也最可悲的變化之一，就是從原本活力充沛、笑容燦爛、因愛情滋潤而容光煥發的年輕女孩，變成了滿腹牢騷、精疲力盡、不知不覺為家庭犧牲奉獻了十年的黃臉婆，最初滿懷期待地跟心愛的人結婚，婚後卻幻想破滅。雖然多年共同生活和撫養孩子使她們與丈夫緊密連結，但夫妻之間卻逐漸築起了一堵誤解的高牆。

「男人就是不懂」，她喊道。「女人實在不可理喻」，他如此說。

究竟是什麼原因導致女性婚前、婚後的轉變？上一代的家庭主婦是否也走過類似的歷程？問問任何男人，他總會告訴你，他的母親比妻子要堅韌得多，「跟現代女性相比，我母親生的孩子是她們的三倍之多，還得一手包辦所有家務，花在煮飯、做點心、縫紉上的時間也更長，往往凌晨五點就得起床，晚上十點才睡覺。而且足不出戶，全年無休，不知道美甲、美髮是什麼玩意，但她活得很知足，

2 譯注：基督科學（Christian Science）是以信仰和靈性治療為其特色的基督教派。

從不鋪張浪費，也很少生病。」

這就是男人常說的話，他們還會補充說：「那些簡單生活的美好時光已經一去不復返了，像渡渡鳥一樣滅絕了。」這讓我想起一個笑話，有個男人問另一個男人：「聽說你太太曾是運動冠軍？」丈夫回答：「是啊，但她現在虛弱得連碗盤都無法洗了。」

這種普遍印象真的正確嗎？或者只是反映了人類無可救藥地美化過去的傾向？大多數人總是認為在他們的年少時代，男人更強壯勇敢、女人更健康美麗，百姓更加善良，社會更加純樸。他們甚至帶著消極的滿足感預測「世界正走向毀滅」。自古以來，大家總是嚮往並懷念「美好的舊日時光」。

然而，讓我們看看十九世紀最聰明風趣、也最明智的醫師——老奧利佛・溫德爾・霍姆斯（Oliver Wendell Holmes）是如何描寫當時的家庭主婦：早餐桌旁的親切主人觀察到，「說到服兵役！那與全職家庭主婦所承受的戰爭相比又算什麼？她們雖有女主人的頭銜，卻要承擔無盡的家務勞動，美國女性的體質通常在中年左右就開始衰退，但如果能挺過那個最需要健康和力量的階段，她們便會變得像硫化橡膠一樣堅韌。」[3]

再回顧一下一個半世紀前的廣告，你會發現那時的成藥商大肆宣稱他們能治癒家庭主婦神經官能症。可見至少在美國，家庭主婦神經衰弱的問題一直存在，或許過去的發生率比現在低。另外，我們多少有個模糊印象，從前的已婚婦女在三十五歲步入中年時就已顯老態，而今日許多女性在這個年齡仍覺得自己很年輕。

看來，追蹤家庭型態的演變既有趣又重要，因為這同時也反映了家庭主婦的演變過程。我們往往認為「家」起源於某種洞穴，男人、女人和孩子孤立地住在這個小單位裡，還得隨時提防野獸或其他人類來掠奪。在洞穴裡，女人是男人用武力奪取而來、並加以控制的財產。

也許確實有過那樣的時代。但「家」更可能是一個共同生活空間，人類群體、家族、氏族……等更廣義的家庭都居住在此。畢竟人只有在大群體中才會

3 譯注：出自老霍姆斯的散文集《早餐桌旁的主人》（*The Autocrat of the Breakfast-Table*），該散文集以幽默對話和故事描述日常生活的洞見。

獲得安全感，而「家」的基礎正是由強烈的社會本能和群體意識所構成。在這樣的共居環境中，男人和女人過著雜交生活，經過漫長演變，最終發展為今日以父系為中心的一夫一妻制，家裡的女性負責織布、縫紉和建造家具，由此發展出藝術、手工藝和宗教；男性要外出捕魚、打獵和戰鬥，他們粗暴地將少女視為求愛對象，將妻子視為可奴役的存在。

本書並不詳述「家」為何越來越孤立化，也不探討家庭生活為何越來越個體化，但可以確定的是，家不僅是男女結合及養兒育女的地方，也不僅是烹調食物、提供庇護的避風港，更是第一個重要工廠，各種生產和製造活動都由此開展。過去的家庭主婦不但要扮演母親、妻子、廚師和護理師，還得身兼紡織工、縫紉工、皮匠、染匠、釀酒師和藥劑師……等多重角色。

即使在高度文明的猶太社會中，家庭主婦的工作內容依然非常繁雜。請看看最有智慧（也許是因為結過很多次婚）的男人所說的話：[4]

她搜求羊毛和細麻，

樂意親手作工。
她好像一隊商船，
從遠方運來食物。
她選擇了一塊田，就把它買下來，
用自己雙手賺得的收入栽種葡萄園。
她以能力束腰，
使自己的膀臂有力。
她知道自己的經營獲利，
她的燈終夜不滅。
她伸手拿著捲線竿，
手掌握著紡錘。

＊＊＊

4 譯注：下列引文出自《聖經·箴言》，相傳主要為所羅門王所著。譯文引用自《聖經新譯本》。

她不因下雪為自己的家人擔心，
因為她全家都穿著溫暖的朱紅色衣服。
她為自己做床毯，
她做細麻布衣服出售，
又供應腰帶給商人。

難怪「她的兒女都起來稱她是有福的」，而她的丈夫「稱讚她」時也帶點優越感。我們對於這名丈夫所知不多，只知道他「與本地的長老在城門口同坐，是眾人都認識的」，畢竟擁有如此優秀的妻子，他所需要做的就只有這些了。

這種家庭生活和工業活動的結合持續了一段時間，直到男人逐漸步入工作領域（也許是受妻子啟發），開始從事更大規模的農業，發展更廣泛的商業模式，或成為技術更精進的工匠、手工藝人、專業行會成員。女人在家中或家附近開啟了生產和製造活動，男人則利用其旺盛精力將這些活動專業化，從而發展出更蓬勃的文明。然而直到十九世紀，婦女的工作場域仍局限於家中，家依舊是她們起灶做飯、進行各種手作活動的場所。

接著，人類發明了機器，利用蒸氣作為能源，並建立電力傳輸系統，最後蓋起了工廠——不過在這個專門的生產製造場所，只有工人，不存在工匠或手工藝人。「家」無法跟工廠這種人造怪物競爭。工廠擁有流暢的生產線，可以將原料持續轉換成各式產品，除了染色、紡織和鞣製，還入侵女性最核心的工作領域。舉例來說，工廠可以大量快速生產麵包，導致家庭主婦逐漸放棄手作烘焙；工廠還運用精確的技術保存水果，製成罐頭或加工食品，不僅包裝簡便，還提供多種口味，逐步取代了家庭主婦隨意自製的果凍、蜜餞和果醬。加工食品的種類更不斷推陳出新，不只水果，如今肉品、湯、蔬菜也被做成「即食罐頭」，方便家庭主婦使用，有人甚至嘲諷地說，「女人的角色不再是家裡的大廚，而是開罐器」。現代人經常談論女性入侵男性的職業領域，但值得一提的是，男性早已介入女性的工作範疇，將女性的絕大部分工作搬移到他們創建的工廠中。

於是現代的家庭主婦幾乎不再染紗織布、縫製衣服，也不再精通某樣手工藝，更將大部分的備料和烹飪工作交由工廠代勞。

然而，工廠並不滿足於只侵占家庭主婦的工作領域，擾亂古老秩序，它每年還吸引越來越多女性投身工業。因此，許多年輕女孩在婚前的幾年就已離開原生家庭，進到工廠工作，也就是說，她們在嫁給某個男人、成為家庭主婦之前，就已經開始賺取工資了。

婚前的工廠經歷對女孩來說有著重要的心理意義，因為那深深影響了她們如何看待自己身為家庭主婦的角色和必須承擔的家務。

然而以本書欲探討的主題而言，女性主義興起比工廠的影響更加重要。在所有生物中，人類的雌性成員被壓迫得最為嚴重。對於任何悲慘的男性階層來說，都存在著一個更卑微、更不幸的群體，即他們的妻子。在過去，這些女性被視為奴隸的奴隸，窮人的附庸。隨著時代演進，儘管她們的命運不再完全受男人控制，但在許多方面仍未獲得應有的權利。男人爭論著女人是否有靈魂，用帶有貶義的俗語嘲笑她們，稱她們為「弱者」[5]，剝奪她們在政治和經濟上的平等地位，甚至直到二十世紀初，仍將她們的權利跟白痴、低能者和罪犯相提並論。更糟糕的是，男人那虛偽的尊重和偏頗的紳士風度，使女性認為擁有美貌和嫁作人妻是她們的理想目標。男人為了控制女人，竭盡所能地限制和貶低她們，最極端的手段是讓她們深信自己天生弱小又卑微。

本書目的不在爬梳女性主義的歷史發展。從古至今，各個時代、各個地區都有勇敢的女性挺身而出，她們努力讓世界變得更美好，試圖改善女性地位，而那些運動也獲得部分男性支持。人類在擺脫奴隸制、邁向自由解放的過程中，起初只是低聲傳頌「人人平等」的崇高理想，而後不斷高聲呼喊這一戰鬥口號，最終將其銘刻在國家基石上，成為不朽的文字。「但如果這一切對人類是有益的，為何女人無法享有同樣的平等和自由？為何女人還要受限於『文盲、卑微、依賴』的框架中，在政治和世界事務上沒有發言權？」女性主義者如此問道。工廠對女性勞動力的需求催生了女性在職場中的角色轉變，她們成為店員、教師、打字員和護理師，醫學界和法律界也漸漸向女性敞開部分大門。到了一九二〇年代，社會逐步邁向「全民投票」的民主理想，女性也開始參與世界事務，至少在理論上

5 譯注：原文 weaker vessel，出自《聖經》。

與男性平等。

隨著女性進入更多樣化的專業和職業領域，接觸到更廣泛的經驗及知識，「女性個體化[6]」的時代也開始興起。畢竟，如果任何群體的成員從小就局限在相似的生活模式中，被灌輸相同的目標，彷彿人生只有一條正確出路——簡單說，就是被塑造成同一模樣、立定同樣的志向，這群人將變得非常相似，缺乏個體性。當女性邁入個體化歷程，她們開始反抗陳舊的制度，並對現況感到不滿而尋求改變，尤其是在舊觀念依然盛行的情況下。這樣的新女性不再適合傳統婚姻模式，因此出現許多心理問題。各位稍後會發現這一事實非常重要。

新女性仍然視婚姻為人生的主要目標，照樣步入家庭，生育孩子，並且冠上丈夫的姓氏。但隨著個體意識覺醒，她們希望自己作為個體的獨特性可以更被理解與尊重，也更堅決反抗任何侵犯自身人權的行徑。只不過，她們依然希望保有任性的權利，繼續利用眼淚、責備和無理的要求作為武器，造成離婚的惡果。

簡而言之，導致「離婚」的原因有三，第一：新女性反抗婚姻中的酗酒、不忠、忽視和暴力等行為，這些行為被上一代妻子所容忍、甚至視為常態。第二：新女性的想法與傳統觀念發生衝突，在婚姻制度中，女性仍被視為財產，而當代女性不接受此觀念。第三：新女性的要求自相矛盾，一方面要求平等待遇，另一方面又想當個任性驕縱的女王。男性無法接受自己對愛情和婚姻的理想幻滅，因此家庭開始出現裂痕。雖然離婚是婚姻最糟糕的結果，但它只是反映了最極端的情形，實際上，許多家庭正處於長期爭吵與不和之中。

各位將看到，本書所探討的「家庭主婦神經官能症」包括一系列身心症狀，例如腰痠背痛和情緒起伏等，這些症狀部分源於離婚所暴露出的家庭衝突。**離婚和家庭主婦的神經衰弱，都反映了女性的不滿**。

由於女性個體意識提升和生理知識普及，引發了一個非常重要的現象，即生育率下降。女性不再毫無節制地隨意生育，因此在美國和其他所有文明地區，大家庭迅速成為歷史。了解如何控制生育的女性可以避免長達九個月的懷孕期、

6 譯注：individualization，指發展出自我的獨特性，而不受傳統社會規範限制。

痛苦的分娩過程，以及照顧嬰兒時又累又不自由的日子。如果過去的女性懂得避孕，也會選擇不生育。在這方面，現代的男性是支持家庭主婦的，一方面因為體恤妻子，所以讓她決定孩子的數量，另一方面是因為深感養育孩子的成本高昂。

當人們看到家庭主婦無視教會、愛國主義者和媒體推崇的傳統價值觀，也開始質疑這些「權威」所設定的規範。在二十世紀初，儘管各宗教都宣揚種族自殺（race suicide）[7]是種罪行，所有政治家都認為只有道德淪喪的國家才會限制生育，而絕大多數媒體都譴責墮胎或避孕的行為，甚至法律也禁止醫師或其他人教導節育方法[8]，但生育率仍持續下降。第一代移民女性可能會生六到十個孩子，而她們的女兒通常只生一到三個，很少有人生四個以上，甚至有人選擇不生。即使在深受宗教教義影響的族群中，例如愛爾蘭天主教徒或猶太人，也可觀察到這一趨勢。

當大眾發現即使是公開反對節育的牧師、拉比[9]、媒體編輯和立法者，他們的家庭規模在一代之間大幅縮減，自然會懷疑宗教、教育和法律的影響力，也不再認同宗教、文化和法律制定的傳統規範。

現代女性是否更容易受到懷孕影響？更難承受分娩和生育孩子的壓力？產科醫師普遍承認這是事實，而且越來越多女性無法親自哺乳。若確實如此，那麼這些現象對於人類群體和新一代的家庭主婦問題就至關重要，因為接下來會提到，能量耗損既是家庭主婦神經官能症的原因也是症狀。

綜合目前所概述的內容，可以總結出家庭主婦演變的兩大趨勢：**第一**，她們將大部分勞動工作交由工廠代勞，包括幾乎所有生產製造和相當大部分的食物備料工作。

第二，過去兩百五十年來，女性的尊嚴和地位顯著提升，這帶來許多變化。女性進入工廠、辦公室、學校和各種專業領域工作之後，大大拓展了生活經驗，也改變了她們對傳統家庭主婦角色的態度，這是極為重要的心理事實。她們在經

7 譯注：二十世紀初由社會學家羅斯（Edward Rose）鑄造的新詞，是帶著種族主義的優生學理論，意指當某族群的生育率過低，該族群就會自我滅絕。

8 譯注：美國的節育運動和相關法律有一段漫長而複雜的歷史，直到今日仍是社會爭論的焦點。

9 編注：rabbi，猶太教的神職人員，是精通猶太教典籍的精神領袖與宗教導師。

濟上變得更獨立自主，也更注重自我發展和實現，因此不會勉強自己留在不理想的親密關係中，導致離婚越來越普遍，這有部分也是因為她們在爭取平等的同時、又不願放棄任性的特權。女性個體意識提升也導致生育率持續下降，某種意義上，這代表她們拒絕被傳統女性角色所局限，以及追求自由的決心。

CHAPTER 02

對負能量的過敏反應

所謂的神經質

The Nature Of "Nervousness"

正式進入本書主題之前，讓我們先大致了解「神經質」（nervousness）這個常見概念。

如同其他日常用語，「神經質」並沒有明確的醫學定義，事實上，沒有哪個表示異常狀態的詞跟它一樣被如此廣泛且鬆散地使用。

「神經質」可以形容一個人很容易生氣或情緒化，相反地，也可以表示很害怕或焦躁不安，經常出現抓頭髮、咬指甲等小動作。有些父母也會以「神經質」來解釋並縱容孩子的任性，我甚至見過一個頑皮的男孩用熱湯匙燙傷他妹妹，大人卻說他只是比較「神經緊張」。而「神經崩潰」一詞則經常用來委婉地表示更嚴重的精神狀況。

需要澄清的是，本書欲探討的「神經官能症」並非已婚婦女特有的神經障礙，男性和單身女性都會出現類似情況，只是在嚴重程度、症狀組合和成因上有所不同。

早期醫師使用「心因性神經症」（psychoneurosis）來描述所謂的功能性神經障礙，意即在大腦、脊髓或神經系統中都找不到結構上的病變，有別於運動失調症、腦瘤、腦出血等器質性疾病。你可以將心因性神經症想像成需要上油、清潔或只是上發條的手錶，而器質性疾病則好比手錶的重要零件已經壞了。

對於家庭主婦而言，最重要的心因性神經症就是神經衰弱（neurasthenia），此外，還需留意精神衰弱（psychoasthenia）[10]和歇斯底里症（hysteria）。[11]

許多醫師認為神經衰弱屬於現代疾病，但早在一八六九年，著名神經學家喬治・比爾德（George Beard）就已描述該疾病，並指出美國生活的緊張和壓力是主要元凶。如今眾所周知，不僅在美國，整個文明世界都存在神經衰弱症。基於這種疾病的成因，我們可以推斷它可能和人類歷史一樣悠久，不過，緊湊忙碌、充滿刺激的現代生活確實增加了患病的比例。

10 編注：根據韋氏辭典定義，神經衰弱 neurasthenia 主要指身心疲憊所帶來的一系列症狀，多與憂鬱與情緒壓力有關，與慢性疲勞症候群相似；精神衰弱 psychoasthenia 則更多以明知非理性的恐懼、迷戀與強迫行為等為特徵。再次提醒，本章諸多術語在今日已非正式診斷用語或疾病分類（不見於 ICD-11 與 DSM-5），不宜將之視為心理疾患。如有相似問題，應以現今專業醫師之意見為準。

11 譯注：本書成書時間較早，目前神經衰弱和精神衰弱已非正式醫學診斷，在日常生活中也經常混用。歇斯底里症在現代醫學則被分成轉化症（conversion disorder）和解離症（dissociative disorder）。

尤其是城市的規模和數量不斷增長（相對於鄉村而言），更導致神經衰弱症越來越普遍。此外，原本應該可以節省時間的工具，例如電話、電報和鐵路等打破距離限制的發明，反而讓我們做了更多事情，接收到更多訊息，時間變得更加緊迫。比如說，總是電話不離手的忙碌人士，也許在每筆交易上節省了時間，但由於交易次數大幅增加，其實花掉更多自己的時間。

神經衰弱的主要症狀是**容易疲勞**，只要稍微一動就會疲憊，而且起床時比睡覺前更嚴重——這是關鍵特徵。照理來說，睡眠可以消除前一天的疲勞，但對神經衰弱患者卻無效，他們起床後得花上半天才會慢慢恢復精力。到了晚上，一般人通常會放鬆下來，帶著濃濃睡意準備進入夢鄉，而神經衰弱患者卻十分清醒，不想上床睡覺。這樣的疲勞對身心功能的影響非常全面：精神疲乏會導致注意力不集中、粗心大意，進而效率低下，患者因而深感憂慮，害怕自己會精神崩潰；意志疲乏讓人工作倦怠，甚至逃避壓力，這使患者更加痛苦，因為他們通常滿懷理想、目標遠大；情緒疲乏則表現為輕微抑鬱、容易操心，且對所愛之人或曾經珍視的事物失去熱情。疲勞還會讓人情緒失控，在小事上易怒，為一丁點煩惱掉眼淚。換句話說，**神經衰弱患者會把日常的小刺激放大成災難，處在一種既不健康又非生病的違常狀態**。

神經衰弱所引發的生理症狀，涵蓋幾乎所有想像得到的情況：

1.全身明顯痠痛或疼痛，包括：頭痛、背痛、肩頸痠痛、四肢疼痛，以及忽隱忽現、沒有固定部位的疼痛，還有持續悶痛，或是難以具體描述的不舒服。這些痛楚經常跟不愉快的經歷和想法有關，但疲勞可能是主要原因。

2.食慾和胃腸道功能都有明顯改變。患者會抱怨吃不下，但更常見的是食慾時好時壞。食慾反覆不定顯然與情緒有關，因為我們已知負面情緒，如擔心、恐懼、煩惱，都是影響食慾的主要因素。

食慾改變還會連帶出現「打嗝」、「胃酸逆流」、「腹脹」等毛病，這些情形都顯示神經衰弱會使胃的張力、蠕動和分泌功能受損。稍後探討情緒的本質時，各位就會發現這些消化系統的變化也屬於情緒障礙的一部分。

3.便祕問題。我們仍不清楚便祕在神經衰弱中屬於原發性還是次發性問題，但無論如何，便祕會影響情緒，間接干擾所有身體功能。

下面這則關於伏爾泰的軼事，生動地說明了一件眾所周知的事實：有天，伏爾泰和一名英國人針對哲學議題進行了深入而私密的討論，最後都同意生命中的痛苦多過於快樂，活著注定要遭受折磨，於是兩人決定要一起結束生命，並約好時間和地點。到了約定的那一天，英國人出現了，他帶著一把左輪手槍，打算一槍轟了自己的腦袋，但是卻遲遲等不到伏爾泰。他四處找啊找，最後來到伏爾泰的家，只見這位智者正坐在堆滿美食的桌旁，津津有味地讀著言情小說，一臉享受的樣子。英國人對伏爾泰說：「我們約好今天要自殺。」伏爾泰答道：「啊，沒錯，我們是這樣約的，但我今天腸胃蠕動得很好。」

4.睡眠障礙。無論失眠、睡不安穩或多夢干擾睡眠品質，都相當令人困擾，因為我們把床視為逃避煩惱的避難所，重獲力量的聖地。工作和睡眠是獲得幸福所必需的兩種互補功能，一旦睡眠受到干擾，工作就會連帶受影響，進而威脅到我們的人生目標。因此睡眠障礙不僅影響身體，也跟我們的幸福快樂息息相關。

5.神經衰弱的主要症狀之一是恐懼，主要有兩種類型。第一：對日常生活的擔憂，即擔心工作、家裡的經濟狀況、家人的健康，或是過度放大任何一絲可能造成嚴重後果的事物，深信一定會發生災難性結果。「持續擔憂未來」既是造成神經衰弱的原因，也是神經衰弱的症狀之一，換句話說，人如果陷入神經衰弱，就會更容易擔憂，造成惡性循環。

第二：還有一種特殊的恐懼類型，早期的學者將之命名為「慮病症」（hypochondriasis），患者會過度擔憂自己的健康狀況，譬如把每一次心臟快速跳動都放大成心臟病，每一次側邊刺痛就解讀成胸膜炎，只要咳嗽就擔心得了肺結核，腹痛就懷疑是胃癌，頭痛則是腦瘤或精神失常的前兆。慮病症患者由於過度關注自身，才會留意到許多平常被忽略的感覺。視覺是為了幫助我們感知外在環境，因為身體運作過程最好不被過度注意。在大多數情況下，短暫輕微的疼痛和痠痛、呼吸的細微變化、胃腸蠕動和腹鳴都沒有重要意義，然而一旦帶著憂慮的心情去關注這些現象，它們的頻率和強度就會異常放大。神經衰弱的主要症狀之一，就是害怕自己罹患嚴重的身體疾病，為此患者會不斷尋求檢查和建議，所以他們特別容易成為江湖郎中或騙子的目標（也許僅次於性病或性功能障礙患者），因而受騙上當，花一堆冤枉錢購買昂貴而無效的偏方。

上面所描述的僅僅是神經衰弱的外在表現，後續篇幅會詳細討論其背後成因，這些因素也跟家庭主婦息息相關，例如：先天氣質、不當管教、容易擔憂、自尊受傷、失敗經驗、渴望得到同情、生活乏味、容易厭倦、不快樂、悲觀、過度追求美感、慾望未滿足或受挫、嫉妒、強烈的情感和渴望、死亡恐懼、性方面的問題、疑慮和困擾。此外，還有近期疾病、分娩、貧困、過度勞累、錯誤的性習慣，缺乏新鮮空氣……等。

神經衰弱在本質上是一種「能量耗損」的問題，這意味著⑴患者的身體能量下降（例如經歷生病或懷孕），或是⑵某些東西阻礙了能量釋放，後者通常跟情緒問題有關，或起因於某些負面想法和令人沮喪的生活處境。

我們必須進一步探討上述兩個重要面向，不僅要從家庭主婦的角度切入，還要更全面地理解該問題如何影響整個人類群體。

如同其他生物，人的身體是一種累積和釋放能量的儀器。人攝取食物，將其消化並轉化為某種物質，這些物質被組織吸收，然後它們的能量以熱能和運動的形式被釋放出來。熱能就是體溫，運動則是人體所能進行的各種不可思議的活動。換句話說，能量釋放就是我們童年時期的遊戲和成年階段的競賽，是手臂的技巧和力量，是雙手的靈巧和腳步的敏捷，是做愛時的歡愉和擁抱；也是崇高的目標，是任何形式的長期艱苦奮鬥。總而言之，能量釋放涵蓋了所有對慾望、目標和成就的追求。

上述所有活動都可能因為能量減少而受阻，正如我們在肺結核、癌症患者或尚在恢復期的疲憊病人身上所看到的。此外，有些情緒、感受和想法能夠產生能量，使身心充滿活力，例如：歡愉的心情會振奮精神，因此人們跳舞、大笑、歡唱或振臂高呼；個性較內向的人則帶著熱情和嶄新的能量投入工作；希望會帶來對戰鬥的渴望和工作的興致；獲得讚美時的自豪感是一種強大的刺激，能夠擴大自我；努力之後獲得的成功與回報，激發了新的目標和意志力；任何基於憤怒而燃起的鬥志，也都會推動人們朝目標邁進。

不過，也有些**情緒和經歷會消耗能量**，瞬間奪走當事人的力量、讓人失去方向。恐懼就是如此，它讓人雙腿顫抖、四肢彷彿不受意志控制，或是心跳加速、聲音嘶啞而微弱；對疾病和死亡的恐懼（無論是擔心自己或所愛之人）都可能讓最強壯的人變得脆弱無比；還有期待落空、失望、無法實現願望和目標、面對侮辱和不公的無助、應得或不應得的責備、失敗和不可避免的災難帶來的感受；不幸的生活處境，如失敗的婚姻、遭受背叛帶來的幻滅、為人父母的自豪被徹底摧毀……等等。也許最嚴重的能量耗損來自喪失工作興趣、因生活乏味而感到厭倦、缺乏新刺激而失去熱忱，例如寂寞時的狀態。前述任何因素都可能導致神經衰弱、能量耗損，以及身心功能下降，這些過程將在後續篇幅中詳加討論。

那麼，在所有這些和其他症狀中，潛意識人格扮演什麼角色？潛意識存在嗎？它又是什麼？

大多數現代心理學家和精神病理學家都承認潛意識人格的存在，例如：威廉・詹姆斯（William James）[12]、皮耶・賈內（Pierre Janet）[13]、提奧杜爾－阿曼・里博（Théodule-Armand Ribot）[14]、威廉・麥獨孤（William McDougall）[15]、佛洛伊德（Sigismund Freud）、莫頓・普林斯（Morton Prince）[16]。無論這些學者的論述是否正確，是否只是心理科學的另一波潮流，可以肯定的是，人就像沸騰的鍋子，裡頭裝著慾望、強烈情緒、貪念、期待、意圖、想法和感受，其中有些是當事人所清楚知道並承認的，另一些則不被察覺，或被否認。

這些慾望、意圖、情烈情緒……等，彼此之間並不協調，且往往互相衝突，為了滿足其中一項，只好壓抑另一項。比方說，為了實踐宗教理念，為了成為良善之人，為了受人景仰，就得壓抑不當的性慾或不被允許的愛戀。於是人們必須努力壓制自己對另一半、失能父母或特殊孩子的恨意，並且否認這樣的恨意，因為應該要愛他們。人們也試圖壓抑對最親近之人的嫉妒，抗拒令人悸動的禁忌之戀，拒絕不法勾當的引誘——哪怕是最循規蹈矩的人，內心也經常潛藏著違反道德法規的渴望。

根據潛意識理論，不受歡迎的想法、感受、強烈情緒和慾望會被壓抑、推入存有的最深處，不被意識人格所照見，但仍然會影響人格，使其扭曲和匱乏。

12 編注：美國心理學家，創立美國心理學會，被譽為美國心理學之父。
13 編注：法國心理學家，是研究解離與創傷記憶的先驅。
14 編注：法國心理學家，法國科學心理學的奠基人。
15 編注：英國心理學家，應威廉．詹姆斯之邀赴美任教，推動了社會心理學的發展。
16 編注：美國醫師暨神經病理學家，也是為心理學樹立臨床與學術準則的代表人物。

無論如何，每個人心中都有矛盾衝突，而神經衰弱患者內在的掙扎糾結最為痛苦。不管在現實生活或其內心深處，他們都像四分五裂的房子，被恐懼、厭惡、反抗和衝突削弱了能量。

我們試圖理解的家庭主婦尤為如此，她們受到許多耗能因素的影響和衝擊，本書目的就是分析這些影響，並找出其運作機制。

相較於神經衰弱，前面提過的精神衰弱和歇斯底里症這兩種臨床疾病與生活事件較無明確相關，而是跟患者的先天性格有關，在家庭主婦中也較不常見，不過情形通常更嚴重，因此值得花篇幅描述。

「精神衰弱」涵蓋一系列病徵，其中疲勞、失眠、食慾不振等生理症狀不像神經衰弱那麼明顯，或被其他更明顯的心理症狀所掩蓋。

這些心理症狀可分為三大類：⑴持續的擔憂和恐懼，譬如害怕下列事物或情境：開放場所、封閉空間、踏出家門、獨處、進食或睡覺、髒汙（患者因此被迫不停洗手）、疾病（尤其是梅毒）……等等。患者雖然知道自己的恐懼並不合理，也努力試著克服，卻還是徒勞無功。有些患者則會突然出現模糊、不具體、無以名狀的恐懼感，伴隨心跳加速、暈眩、即將死亡的感覺。這種恐懼有時跟過去經歷有關，例如中暑後害怕任何熱的東西，或車禍後害怕任何交通工具。

(2)持續出現強迫思考或疑慮，即無法控制、不斷侵入腦海的念頭或疑慮，例如某個貞潔女性腦中不斷出現骯髒下流的字眼、某個人總是懷疑自己是否關好門窗或瓦斯。當然，我們偶爾都會出現這樣的強迫意念或懷疑，但必須持續發生，且程度嚴重到影響日常生活，才算精神衰弱。

嚴重的精神衰弱者很難「下定決心」或做決定，光是過馬路、吃飯、穿衣、工作，甚至每個舉動、每個想法的微小細節，都會讓他們猶豫不已，飽受折磨。最後他們會變得終日惶惶，害怕自己精神失常，而且做事效率低落，無法持續集中注意力，也就是所謂的「焦慮性神經症」（anxiety neurosis）[17]。

(3)特定的強迫行為或癖好，比較誇張的強迫行為像是：走路時不能踩到地上的裂縫、觸摸路旁的每一根電線桿、爬樓梯時一次跨三級階梯。強迫癖好的種類

17 譯注：即焦慮症。

廣泛，從兒童常見的怪癖到慢性抽搐症[18]皆有，前者像是把指甲咬到露出指肉，這樣的怪癖甚至會持續到精神衰弱者的成年期；後者包括不由自主地反覆扮鬼臉、臉部表情扭曲、眨眼、折手指發出喀喀聲等，有些類似嚴重口吃的習慣性抽動對任何治療的反應都不佳，因為患者似乎會從這些行為獲得奇怪的快感[19]，而無法用意志力加以控制。

前兩大類心理症狀往往出現在身心耗竭、急性疾病、突然驚嚇和長期痛苦之後，因此通常都有前置因素，例如照顧生病的丈夫或孩子所帶來的長期壓力。接著在某一天，當事人突然莫名感到恐懼或暈眩，她對此極為恐慌，不斷猜想原因，並且害怕那種突如其來的感覺再次湧現。這樣的預期心理必然會引發再次發作，漸漸演變成症狀。如果患者在早期便尋求專業治療，通常很快就會康復。然而，大多數患者並不會及時就醫，而是自己想辦法對抗疾病，卻因此陷入漫長而徒勞的掙扎，每一次失敗都更加強化恐懼、焦慮或強迫意念。根據佛洛伊德和其門生的說法，所有症狀背後都潛藏著一系列長期因素，例如潛意識中跟性有關的衝突和壓抑等。也許大部分的心理問題確實如此，不過我並非佛洛伊德學派的擁護者，我認為神經緊張的成因更單純，更大程度跟顯而易見的生活因素有關，而非佛洛伊德理論中那些晦澀複雜、跟性有關的因素。人會感到疲憊、憂慮或厭惡，在該愛的時候恨、在該恨的時候愛，也會無緣無故地嫉妒，或因生活乏味而厭倦一切；人的希望、目標和慾望會受阻礙，而且無論表面上多勇敢，人還是會畏懼死亡和衰老；在追求幸福和成就的過程中，有些人會以某種方式崩潰，取決於個人的情緒調適和問題解決能力。上述這些和其他因素才是神經質症狀的重要成因。

在所有神經質問題中，精神衰弱和歇斯底里症的病因主要源自患者的性格，也就是說，比起外在事件的影響，這些病症跟人格更有關。歇斯底里症是人類歷史上最古老的疾病之一，扮演了極其重要的角色。毫無疑問，許多宗教機構都曾利用「奇蹟般地治癒」歇斯底里症來增強其威望。某種程度上，所有宗教創始人的主張都建立在「人們對其治癒能力的信仰」之上。歇斯底里症患者可能會

18 譯注：原文為「ticquer」，即今日的「tic disorder」。

19 譯注：例如緩解焦慮或壓力。

突然失明、說不出話或雙腳無力，讓這些患者能夠恢復視力、重新開口說話、扔掉拐杖重新行走，無疑是令人讚嘆的奇蹟。古今中外，各大宗教都有類似露德（Lourdes）和聖安妮大教堂（St. Anne de Beaupré）這樣的朝聖地。

無論家庭主婦或未婚女性和男性，若罹患歇斯底里症，都會出現四組重要症狀。

(1)情緒不穩，時常有歇斯底里般的怪異行為，例如突然大哭或大笑。患者的基本人格特質表現為不穩定和情緒化，其核心問題則源於他們的自我中心和易受傷的性格，而且通常無法以適切的方式獲得其渴望的同情與尊重。

(2)無法解釋的癱瘓，可能發生在身體任何部位，例如手腳無力或動彈不得、臉部表情僵硬、無法開口說話。這些症狀可能突然出現又突然消失，有時甚至持續數年。雖然表現嚴重，但患者的神經系統實際上並未受損，這些症狀主要是由過度擔憂、錯誤的想法和無法控制的情緒所引起。神經學家將這種現象稱為「人格解離」，如前所述，是由於情緒、想法和目標的衝突導致癱瘓。任何能夠提升能量的因素都有助於顯著改善歇斯底里式癱瘓，例如突如其來的好運，或是感召力強的醫師、神職人員和治療師提供的奇蹟療法，甚至在面臨火災等嚴重危險時，長期臥床的患者可能突然能夠起身逃命，並因此康復。

(3)身體各部位的感覺喪失，嚴重到即便用針刺入患者的身體，他們也感受不到疼痛。在獵殺女巫的時代，獵巫人會用針來測試有嫌疑的女性，若發現對方某些身體部位感覺不到疼痛，便認為這是巫術或是被魔鬼附身的證據，導致許多歇斯底里症患者被絞死或淹死。人類歷史充斥著精神病態者和其引發的重大事件，精神失常的人透過他們的思考和妄想影響了人類歷史的進程，然而社會卻不斷將精神病患和神經官能症患者當成罪犯或惡棍，誤以為他們應受到最嚴厲的懲罰。

(4)意識上的奇怪變化。這是歇斯底里症最引人注目的現象，涵蓋暫時昏厥到長達數月的恍惚，期間患者看起來不醒人事，身體似乎處在死亡邊緣。在古代，傳達神諭的女祭司都能自行陷入歇斯底里狀態，她們含糊的言語被認為是上天的啟示。在現代，這種現象則常見於水晶球占卜師、靈媒和自動書寫者之中，他們結合歇斯底里狀態和捏造的訊息來欺騙單純、易上當的人。

歸根究柢，所有歇斯底里症患者都在自欺欺人，雖然他們的症狀在本質上是真實的，卻經常帶有戲劇性，且為了產生某種作用而精心設計。我稍後會說明，無論患者是一時衝動或出於某種意圖，這些症狀都是用來達成目的的武器。

為了更深入理解上述論點，接下來要進一步討論情緒的特定面向。恐懼使血液凝固，憤怒令身體燃起鬥志，悲傷讓高傲的臉龐低垂至塵土、讓胸口窒息，喜悅打開了力量的閘門，希望令人抬頭挺胸、為靈魂注入力量。

很多人認為「人是理性生物」，但人總是思索外在環境的問題，很少反省內在自我。事實上，我們活著是為了追求廣義的快樂和自豪感。引導我們行為的是慾望，而慾望乃是基於本能及伴隨的情緒，如飢餓、性慾、占有慾、競爭、合作。理智能夠引導本能，調控情緒，但大多數人面臨重大決策時，總是把理智拋諸腦後。

雖然我們習慣將情緒視為純粹的心理現象，認為它完全屬於心靈的範疇，但所有偉大的文學作品和日常諺語卻都將其描繪成具體的身體反應，例如「我的心像蒸汽機一樣怦怦跳」、「我喘不過氣來」、「背上襲來一股寒意」、「我努力嚥下口水，因為嘴巴乾得說不出話」。甚至《聖經》也多次提及，被恐懼擊潰的人「嚇得屁滾尿流」，如此生動的描述完全忠實反映了實際情況。

心理學家威廉・詹姆斯和生理學家卡爾・蘭格（Carl Lange）幾乎在同一時期指出，情緒無法脫離其相應的生理反應而獨立存在。意思是，如果我們抽掉恐懼中的手腳發軟、寒意、口乾舌燥、心跳加速、急促且尖銳的呼吸聲、準備逃跑時的肌肉緊繃等生理反應，那麼將不會剩下任何具體的東西。悲傷、快樂或憤怒也是如此，以憤怒為例，想像自己正在生氣，你會立刻縮緊下巴、嘴唇半咧成咆哮狀，並且握緊拳頭、繃緊肌肉，頭和身體也會向前傾，這正是達爾文所說的預備攻擊敵人的姿勢。即使你只是單純模仿憤怒的動作和表情，也會感受到類似憤怒的情緒。

詹姆斯在其知名著作中指出，人並不是因為悲傷才哭泣，而是因為哭泣才感到悲傷，其他情緒也是如此，我們之所以感到害怕，是因為我們逃跑；我們感到快樂，是因為跳舞和歡呼。換句話說，詹姆斯顛覆了一般人對情緒的看法，認為身體反應比情緒本身更基本、更重要。

許多人反對或不完全接受詹姆斯的論點。然而，現代生理學已經證明，情緒在很大程度上跟身體有關，主要涉及血管、心跳、肺部、腺體和消化器官。研究家庭主婦跟研究其他人類群體一樣，必須特別考量情緒與身體的關係，因為神經緊張的起源往往是情緒困擾，這涉及情緒的生理基礎。

情緒會對健康產生哪些負面影響？最直接明顯的就是擾亂消化系統，例如因為噁心或興奮而嘔吐。較輕微的情況如用餐時出現負面情緒，因而破壞食慾，這可能跟胃分泌物受到抑制有關。（請參考生理學家沃爾特・坎農〔Walter Cannon〕和伊凡・巴夫洛夫〔Ivan Pavlov〕的研究。）

其他影響包括：

- 抑制母乳分泌或影響乳汁品質，甚至可能危害嬰兒健康；導致頻尿和腹瀉，或抑制排泄功能。
- 改變體內的血液供應，導致腦部供血不足，造成昏厥，使人失去意識。輕微的情緒波動則會引起臉紅，這種外顯反應通常令當事人困窘。
- 導致男性喪失性能力，或讓人極度尷尬的性表現。

- 消耗能量，讓人失去興趣、熱情和活力。這是悲傷時常見的表現，而擔憂（較輕微的恐懼）也會引發類似反應，但程度較輕微。

事實上，情緒是對「情境所引起的感受」的強烈身體反應，這種身體反應會調動身體最微小的組織，增加可用能量，促進身體運作，或刺激「心理」活動。然而，情緒也可能嚴重消耗能量，干擾思考和行動等所有功能，有時甚至引發急性疾病，極少數情況下還可能導致死亡。

除此之外，情緒具有強大的感染力，我們都體驗過歡笑聲瞬間擴散的魔力，也明白微笑可以迅速拉近人與人之間的距離。事實上，情緒的主要功能之一就是影響他人，全世界都在用情緒達到這個目的：以憤怒製造恐懼，以悲傷喚起同情，以恐懼激發憐憫，以微笑和笑聲表達友好，而嘲笑則會令對方難過、痛苦和憤怒。樂觀、充滿希望的領導者能鼓舞追隨者，激發他們的最佳表現。士氣是群體的情緒狀態，如果團隊中充滿快樂和振奮的情緒，士氣便會提升，而如果充斥著低迷和消極的情緒，則會使士氣下降。城市或國家在獲得好消息或勝利時會朝氣蓬勃，但處於劣勢或敗戰時則會萎靡消沉。

情緒傳遞是透過人跟人之間的共鳴或對立（後者有如「敵人的快樂就是我們的痛苦」），這是非常重要的社會現象。「神經緊繃的家庭主婦」其實也是一種社會問題，因為她們將自己的情緒傳遞給家人，或者引發家人的不滿，嚴重危害家庭關係。

有部電影恰好幽默地描繪了人際間的情緒傳遞。從電影的全知視角可以看到：一名脾氣暴躁的老富翁，雖然家財萬貫，卻飽受痛風之苦，正坐在餐桌前吃早餐。在隔壁房間，管家正開心地跟女僕調情。廚房裡的胖廚師正用薑餅和蛋糕餵食肉販的兒子，這小子永遠都處在飢餓狀態。而在後門的臺階上，一隻貓咪正舒服地發出輕柔的咕嚕聲。這些場景主要營造了快樂而美好的氛圍。

接著，老富翁粗魯地搖鈴召喚，只見管家帶著諂媚的笑容，卑躬屈膝地走了過來。老富翁怒斥：「這咖啡難喝得要命，吐司根本吞不下去，一切都糟透了，你這個沒用的東西！」管家表面恭敬，內心卻憤憤不平地退了出去。女僕看見管家便開心迎上前，俏皮地向他示好，卻被他一把推開，還惹來一頓咒罵。她氣得臉色發白，跺腳跑進廚房，忍不住哭了起來，還打了前來關心的廚師一巴掌，然後氣呼呼地衝了出去。廚師想找個人出氣，便搶走肉販兒子手上的薑餅。飢餓的男孩氣得撞門而出，一腳踢開臺階上正在熟睡的貓咪。

只可惜，電影沒拍出那隻憤怒的貓之後做了什麼，或許牠引發了一場災難，最終殃及富翁的事業。無論如何，這部有趣的電影（最後仍是常見的快樂結局）展示了情緒如何像疾病一樣傳播開來。正如從貧民窟爆發的傳染病終將蔓延至王宮，侵擾居高臨下的貴族子弟；因貧困、壓迫或不公不義所引發的屈辱等負面情緒，也終將使國王從寶座上跌落。

因此，當我們探討家庭主婦的內耗情緒，實際上也是在探究影響其丈夫、丈夫的工作以及整體社會的因素，並追溯形塑她孩子的關鍵要素。這意味著我們透過家庭主婦的情緒與感受，不但回望歷史，更洞悉未來。

CHAPTER 03

內耗問題的
高風險群

容易神經衰弱的人格類型

Types Of Housewife Predisposed To Nervousness

家庭主婦的神經官能症主要由三大因素造成，這些因素以非常複雜的方式交互影響，產生各種不同的結果。實際上，生活中的所有事物，不論表面上看起來多麼簡單，都是一系列行為和反應的複合體。家庭主婦出現的症狀也是如此，無論是疼痛、瘦痛、疲勞，還是由深層的心理動機引發的懷疑或不真實感。

這三大因素為：家庭主婦的性格特質、她的生活條件、她與丈夫的關係。這些因素同時影響著每則案例，但在某些案例中，可能只有一項因素特別重要。有些情況下，主婦本人的性格特質是關鍵原因；在其他情況，則是生活狀況影響最大；還有一些情況，丈夫才是家庭主婦的症狀來源。

首先來討論家庭主婦的性格特質。要先強調的是：一名女性在某些生活關係中可能表現得很正常，而在其他關係中則可能出現問題，就像古人說的「方枘圓鑿互不相容」。另外，還要謹記女性與生俱有的個別差異，以及現代女性逐漸增長的個體意識。社會對女性的評價不乏尖酸的陳腔濫調——「女人都一樣」，接著是特定指控，如「善變」、「奢侈浪費」、「無理取鬧」等等。保守主義者的主要目的在於讓所有女性變得相似，訓練她們形成相同的習慣、知識、能力和價值觀，使她們在社會中的角色和生活模式都趨於一致。

就拿普魯士主義來說吧，偉大的普魯士主義崇尚統一、實用價值和奴性，向來是男性定義女性生活的理想標準。男人被期望體驗多采多姿的生活，擁有各種豐富的經歷，但女人的生活卻極不合理地囿於狹窄的範圍。

不過，十九世紀改變了一切，或者說開啟了二十世紀快速變革的趨勢。至少就可能性而言，女性應該有各式各樣的面貌。也許女性在生物學上的變異度較低，而男性則較多樣化，因此女性之間的差異確實比男性小。然而，除非女性接受跟男性一樣的早期教育和訓練，否則無法證實這一點。如下所述：

1. 女性從小就被教導要注重外表。幾乎每個母親都喜歡將自己的女兒打扮得漂漂亮亮，女孩也會因為穿著和外貌而受到讚美。人類天性會把最受讚賞的特質視為理想目標，因此對女性來說，從小到大最重要的事一直都是外表！一提到某個女性，大家最關心的話題也是「她漂亮嗎？」。那些外貌出眾、追求者眾、最有可能結婚並成為家庭主婦的女孩，往往因為備受寵愛和仰慕而變得自負，但這種自負不是建立於堅強性格的基礎上，因此往往演變成膚淺的虛榮心態。

2.女性被訓練得容易情緒化。除非女性跟男性一樣從小就被教導要壓抑情緒，否則無法確定女性是否天生比男性情緒化。當男孩哭泣或表現出恐懼，身邊的人就會斥責他，並且以各種方式訓練他養成堅韌的道德勇氣和心智。而女孩哭泣時則會被安慰，並被教導眼淚是有力的武器，她日後就會好好利用這點，尤其在跟男人打交道時。當女孩表現出恐懼，就會得到保護和照顧，並被賦予一種受寵溺、無法獨立自主的低等地位。

3.女性不斷從母親的忠告、書籍、戲劇，以及所有迷人的藝術作品中，形成對浪漫愛情的憧憬。她期待愛人或英雄將她帶離平凡生活，一同步入幸福美滿的未來。然而，大多數愛情故事都在女主角發展出家庭主婦神經官能症之前就結束了。事實上，文學所描繪的美好遐想是對婚姻生活最糟糕的準備，但影響程度可能還不及**戀愛期**的浪漫行為，那是一種扭曲的騎士精神，使女性成為被高高供奉在神壇上的玩偶，跟現實脫節。然而，戀愛期往往只是一段枯燥乏味生活的精彩序幕。

虛榮心、情緒化、浪漫主義、戀愛期的陶醉感，這些特質或心態都不利於建立和維持幸福家庭。即便對最堅韌的女性而言，它們也可能是阻礙，而對較脆弱的女性，則更可能成為束縛。

在探討哪些人格類型容易患上家庭主婦神經官能症之前，必須先強調，即使是正常的家庭主婦，在特定情況下也可能出現這類症狀。然而，某些女性因為個人體質或性格特徵，比一般女性更容易發展出神經官能症，程度也更嚴重，這些女性常見於神經科的醫院門診或私人診所。

第一類是「過度追求美感型」或「高度敏感型」[20]。文明進步的一項重要標誌，就是慾望不斷增長，品味日益精緻化。無論在原始社會或現代文明中，人類的基本需求不外乎食物、住所、衣物、性和陪伴，這些需求普遍被認為是必要的，而且能帶來愉悅。所謂的進步就是改善食物和住所，改良衣物，闡述性關係和人際互動的原則。隨著每一次進步，我們就更加厭惡粗糙的生活方式，一心嚮往更精緻的生活。換句話說，隨著文明進展，人的慾望也不斷增加，即便物質生活大幅

20 譯注：原文 hyperæsthetic，為 hyperasthetic 的古字。

提升，心靈卻仍不滿足。我們愈追求精緻化，就愈重視微不足道的細節，愈認為事物的呈現方式（即外表）比實質內容更重要，從而進入過度追求美感的階段。

因此，擺盤和用餐氛圍變得比食物本身更重要；在「上流社會」，善於交際和言行優雅比品格高尚更重要。語言變成了玩弄思想的手段，而非表達思想的工具；思想本身也蔑視最基本、最根源的事物，而忙於應付變幻莫測的生活。

從另一個角度來看，過度追求美感的人看不慣的東西也越來越多。對於喜好和感受都很單純的人來說，只有災難才令人痛苦；但是過度追求美感的人而言，生活處處充滿煩心的小事，每一縷微風都讓人刺痛。「命運的暴虐毒箭」數量倍增，引發的反應也更加強烈。在《一千零一夜》（*Arabian Nights*）故事集中，有個嬌貴女子因她的絲綢衣裳混入一根棉線而感到不適，公主見狀也不甘示弱地說，她的皮膚被玫瑰花瓣一碰就會瘀傷。過度追求美感的人也是如此，把不經意的忽略當成致命的侮辱來回應，任何願望一旦落空就感到生無可戀，認為稀鬆平常的聲音聽起來像是噪音，看到小小的雜物就覺得汙穢不堪，面對一點點現實就覺得粗鄙得令人難以忍受。

過度追求美感的女性，除非具備這類性格罕見的適應力，否則並不適合婚姻生活。因為大多數男性都有些粗魯的習慣，日常生活中也容易犯些小疏失，更何況家庭生活總是充滿不愉快的衝突和挑戰。雖然極其精緻的事物能讓她們開心不已，但這樣的事物過於稀少，無法彌補生活的不足。這類女性經常受苦於最耗損能量的情緒——厭惡，當她說「這讓我不舒服」，可不是在誇大其詞，而她那飽受折磨的家人對此做了簡單直接的總結：「一切都讓她神經緊繃」。這樣的性格使得每個家庭成員都感到壓迫，他們對她既關心又惱火，既同情又不免在潛意識裡對她抱有一絲輕蔑。

第二類是「具有高度良知型」或「過度盡責型」。無論良知是由上帝賦予，還是透過訓練、教育和社會本能而將社會規範奉為圭臬，良知無疑扮演著上訴法院的角色，既可以帶來正面能量，也可能造成負面影響。

有些人正是因為缺乏良知，因而犯下從工作粗心懈怠到謀殺等各種罪行，放任自己的殘忍、貪婪和私心為所欲為。另一方面，有些人則具有過於強烈的良知，其行為大致又分為兩種：第一種人屬於狂熱者，深信自己的決定和結論是絕對正義，並在良知驅動下努力改革世界。然而他們犯錯的次數往往多於正確的次數，因此他們實際上成了一種「錯誤的天意」，破壞別人的幸福和安康。到底是「缺乏良知者」還是「背負良知重擔者」對世界造成更大的危害？這或許仍是懸而未決的問題，就留待歷史學家來解答。

第二種具有高度良知的人則會嚴重傷害自己，我稱之為「追求完美者」，任何不完美的事物都讓他們感到痛苦。不同於過度追求美感者，具有高度良知者對自己格外嚴格，他們會一而再、再而三地審視自己所做的事，不斷自問：「這就是我最好的表現嗎？」「現在該休息了嗎？」「我有權利休息嗎？」

即使在應該放鬆享樂的時刻，這類人也會不由自主地喚起良知，或更確切地說，是良知自己闖入。他們全心全意地投入一個目標，而該目標隨後變成了暴君，用鐵鍊拴住他們，禁止他們逃逸，甚至連片刻歡愉也不允許。任何浪費時間的行為都不正確，唯有達到完美才是好的。這類人明顯缺乏幽默感，因為幽默的主要功能之一，就是幫助我們在追求目標的過程中保持適當平衡，避免過度緊繃和勞累。

若這樣不幸的人是個家庭主婦，她將不停「收拾」，不斷追逐一個遙不可及的理想——「完成所有家務」。然而，家務的本質在於，無論做了多少，它永遠不會結束。這種過度盡責的人，除非她是由鋼筋鐵骨和強韌橡膠打造，否則，在不停日以繼夜、氣喘吁吁地追逐那個虛幻目標的過程中，最終將在壓力之下崩潰。即使有十幾個傭人協助，對於過度盡責的家庭主婦來說也無濟於事，因為每多一名幫手，她的標準也會相應提高，反而增加了更多煩惱和負擔。

這類家庭主婦會哭喪著臉說：「真想和你一起出門，但我今天必須完成一些家事。」這個自我強加的「必須」成了她生活中的執念，甚至引起家人的公然反抗。這個字眼使她忽略了丈夫的需求和感受，丈夫則因她不停的忙碌和抱怨而極度惱火，認為她根本無需如此。

「如果你累了就休息一下吧，」丈夫總是這麼勸她，「我看家裡已經很乾淨了。」

但丈夫完全是白費力氣。她被那番話惹毛，甚至可能哭著說：「你們男人都一樣，只要牆上沒蜘蛛網就算乾淨？」

於是辯論結束，女人感到更加疲憊，男人則對女人（尤其是他妻子）的不可理喻感到厭煩。

也許女性確實比男性更在意細節。女性偏好秩序井然、乾淨整潔，且更注重禮節。男性則喜歡舒適自在，他們的興趣更專業、更偏向分析，不喜歡繁瑣事物。由於厭惡瑣事，丈夫便渴望逃離現實生活的煩擾，嚮往男性專屬的俱樂部，或是透過釣魚、打獵等活動尋求慰藉。此外，這還具有重要的社會意義：許多破碎的家庭和難以解釋的外遇，其根源並非充滿魅力的第三者，而是過度盡責的妻子。

第三類容易患上家庭主婦神經官能症的人格特質，是「過度情緒化型」。

上一章討論了特定情緒對健康和耐受力的影響，概括如下：情緒可能對身體造成嚴重干擾，影響每種器官和功能。所謂的神經質／神經緊張主要包括異常情緒反應、長期情緒消耗，以及情緒阻塞了能量。

人打從一出生，面對相同情境時的反應便各不相同。有些嬰兒如果得不到想要的東西，就會把注意力轉移到其他地方，另一些嬰兒則會哭上數小時，直到得到那樣東西為止。當慾望受到阻礙或限制，有些嬰兒會表現出憤怒和攻擊行為，另一些則會透過哭泣、撒嬌等讓人憐愛的方式來滿足自己的需求。

成年後也是如此。當面對困難，有些人會表現出恐懼和憂慮，有些人則會不加思索地倉促行動，另一些人會燃起鬥志、試圖突破阻礙，還有一些人會迅速調動認知資源，運用過去經驗，制定出明確的計畫以達成目標。

當面臨失落或被剝奪某些重要的東西，有些人會陷入深沉的悲傷，既無助又頹喪，表現出對愛的絕望和挫敗；另一些人則會冷靜而深刻地反思，將悲傷昇華成偉大的慈善精神，以此銘記傷痛。對前者而言，悲傷耗盡了他的能量；但是在後者身上，悲傷反而激發了動力，使他為了更崇高的目的而努力。

有些女性和男性的情緒反應就跟藥物過量一樣（順帶一提，情緒和某些藥物確實有類似的效果）。不論身在多麼歡樂的場合，不論原本多麼興高采烈，一種低落情緒可能會如同雲霧般突然襲來，籠罩他們的生活。這種低落情緒可能源自最微小的失望，或因為某個偶然的聯想，而突然擔憂所愛之人將遭遇不測。他們完全受制於每一個悲傷回憶和對未來的恐懼。

這些人尤其深受一種慢性恐懼所苦，即憂慮。作家霍爾斯·弗萊徹（Horace

Fletcher）更貼切地稱之為「預期恐懼」（fearthought），以凸顯「預先考量」（forethought）中有害的一面。

當嬰兒咳嗽，過度情緒化的母親會聯想到肺結核、肺炎等可能致命的嚴重疾病，於是經常不必要地聯絡醫師，使得醫師的電話總是被占線。儘管肺結核的早期確實可能引起咳嗽，但這通常是在排除其他可能性之後才需要考慮的診斷。

當丈夫遲遲未歸，過度情緒化的妻子便會開始擔心發生了什麼事，腦海中浮現各種可怕的畫面：他遭遇不測，屍體被警察發現，現在已經冰冷地躺在停屍間；他在車禍中重傷，被送到醫院；或被強盜襲擊，拖進陰暗的巷子裡。如果她有些嫉妒心，而丈夫又有些魅力，她就會往不忠的方向聯想。無論丈夫的工作性質是否讓他無法準時回家，她總是傾向往壞處想，而忽略更合理的解釋，彷彿**對糟糕的結果有種執念**。而當丈夫終於回到家，她深深的擔憂便會立刻轉變成尖銳的憤怒，她扭曲的責任感讓她把自己無謂的恐懼歸咎於丈夫。

誠然，幾乎每個女性都有這種傾向，但上面所描述的只是極端案例，而這類女性在猶太人中很常見。猶太家庭的情緒表達非常強烈，很大程度是因為猶太家庭主婦普遍情緒化的態度所致。

這類女性很容易對家人造成壓迫，因為家人經常得提心吊膽，深怕一不小心就激起她的情緒。人經常被自己的同情心給束縛，被他人的軟弱所牽制，而無法享受生活。若要一一記錄這些事例，將填滿人類真實歷史的最長篇章，而這本書可能永遠不會被書寫。

很自然地，過度情緒化的家庭主婦發現有很多事情需要擔心並做出反應，由於這些反應都屬於身體層面，因此必然會耗損她的能量。

習慣認為「每種情感都需要釋放」的人，如果聽到我說「過度宣洩情緒是有害的」，可能會覺得這是異端邪說。佛洛伊德認為，大多數神經質問題的根源是情緒壓抑，這在一定程度上是對的，但過度情緒化同樣會造成嚴重傷害，因為情緒宣洩會形成習慣。過於頻繁地哭泣、過度憤怒或恐懼，都會變成習慣。然而，個人成長的重要目標之一，即學會管理和控制情緒，以確保人類最高級的器官——大腦的主導地位。「情緒」是維持健康和平衡生活的關鍵要素，它必然會存在，為了個人及人類整體的最大福祉，就必須運用理智來調控情緒。

我們目前探討的女性類型是非常現代的產物，有別於傳統家庭型的女性。

雖然絕大多數女性都具有母性本能，但並不表示可以無視「少數女性完全不具母性本能」的事實。人們常常忽略人類群體的多樣性這一重要現象，無論能力、本能、情感、渴望或品味，都存在著巨大的個別差異。當群體中的大多數人擁有某項特質，該特質便被認為是正常的，而少數不具相同特質的人則會被貼上異常的標籤。

人們總以為女性都嚮往家庭生活，渴望擁有丈夫、自己的家和孩子，夢想成為家庭主婦。然而，每個女性對家庭的想像和期待各不相同。她可能想要一個丈夫，並在機緣下步入婚姻，卻「不想要」小孩，也討厭婚姻生活中的瑣碎家事。婚姻賴以為基的性慾和其他本能，並不總是與母性本能和持家本能緊密相連。

婚姻態度上的個別差異可能一直存在，但在古時並不被重視，當時女性把婚姻視為自己的歸宿，而且通常未體驗過其他生活。然而正如第一章所述，隨著工廠和女性主義興起，女人開始有機會體驗其他類型的生活，並發展個人特質和能力。她可能是大企業的記帳員、忙碌人士的私人祕書、商場採購員、在工廠與數百人一起辛勤工作的女工、百貨公司銷售員，或是藝文界的人士，儘管如此，人們仍然期望她步入家庭，彷彿她受過相關訓練。而實際上，她所受的訓練恰好使她遠離傳統家庭生活。

小說家最喜歡描寫這樣的主題：一名努力追求事業的女性，在職場苦戰多年，最終卻失敗了。正當她最失意、最脆弱之際，一名耐心守候的英雄出現了，向她伸出雙臂，她則歡喜地投進他的懷抱。她現在有了自己的家，將過著幸福的生活——隨著一長串星號省略了細節，畫面跳轉到她擁有孩子的場景。如果是電影，就會跳過一年多的時間，鏡頭轉到溫馨的家庭場景。

遺憾的是，現實生活遠不如小說或電影那麼美好！我們看不到她有多懷念從前的工作生涯，也看不到她不甘心屈就於家庭主婦的角色。如果她幸運嫁給富有又寵愛她的丈夫，她可能會成為業餘愛好者，隨意涉獵藝術或科學等領域。如果她之前的工作是在商業界，她可能會覺得家庭生活無聊透頂。但如果她嫁給貧窮的人，就會把自己當成苦力，儘管忠誠和自尊讓她無法表達遺憾，但這些遺憾會如蛀蟲般悄悄侵蝕她的心靈——最終引發家庭主婦神經官能症。或者，她在商業界的經驗使她用更嚴厲的標準看待丈夫，因而無法接受丈夫的失敗，不是公開批評導致家庭失和，就是暗地裡對他深感厭惡。

這並不是說所有從事商業和專業領域的女性、打字員和工廠女工都不滿意婚姻生活，或者會發展出過度的神經質症狀。其中許多女性非常熱愛家務，真心喜歡孩子，並成為很棒的家庭主婦。她們聰明、頭腦清晰，用經營生意那一套把家裡打理得井井有條。然而，假如一名女性同時具備獨立自主的經驗和非家庭型的天性，就很可能出現嚴重的神經官能症。相較於歌星和演員受到的讚揚，以及文學和商業領域看似豐厚的報酬，對這些非家庭型的女性來說，家庭生活顯得更加單調乏味。

問題是，我們的社會是否提供了足夠的支持和資源，讓人們能夠兼顧婚姻和事業？雖然許多傑出女性能同時扮演母親、家庭主婦、作家和歌手等多重角色，但這並不改變一件事實：在大多數情況下，身兼多重角色的已婚婦女要麼沒有小孩，要麼就是把小孩交給傭人照顧，這實際上意味著，除非經濟條件允許並有可靠幫手，否則大多數女性不得不放棄家庭生活，甚至住進旅館。在那些貧困、且母親需要到工廠工作的家庭中，嬰兒死亡率和青少年犯罪率最高，婚姻問題也最嚴重。傳統婚姻觀念要求女性要待在家裡，至少直到她的孩子能夠照顧自己為止。

雖然我之前強調過，即使是正常的單身女性，婚後也可能出現神經衰弱，但回顧最嚴重的家庭主婦神經官能症案例的病史，往往可以發現患者原本就有一些問題，像是在求學時期（高中、大學）或工作階段經歷過神經崩潰，儘管後者的發生頻率相對較低。她們的神經崩潰通常是由情緒壓力直接引起，例如不愉快的戀情或害怕考試失敗，也可能繼發於流感、肺炎等急性疾病。她們的性格比較神經質、敏感且細膩，時常食慾不振或有睡眠困擾，簡單說，她們的能量很容易下降或受阻。

從性格和能力的角度來看，天生神經質的女性往往是文明社會中最優秀的產物，如同神經衰弱的男性常常是進步和發展的中堅力量。但本書關注的問題是：「她在婚姻中會遇到什麼挑戰？」「她能否適應婚姻生活？」

關於第一個問題，可以說，完全取決於她選擇跟誰結婚以及婚後的生活方式。畢竟，女人嫁的不是**婚姻**本身，而是**男人**、家庭，通常還包括孩子。如果神經質的女性嫁給體貼、和善、有責任感的男性，而且他的財富足以為她聘雇幫傭來減輕家務負擔，讓她享有豐富的生活體驗，那麼可以想見她的境遇會相當不錯，不會比一直單身或繼續當老師、社工、打字員、女工更差，而且她能實現更多願望、發揮更多功能。但如果她嫁給自私、急躁的男性，或是貧窮的的男性，尤其是又窮又無情的人，那麼第一個孩子的誕生就可能讓她精神崩潰，這種情況也許會持續多年，偶爾才短暫好轉，導致她長期狀況不佳，家人因此而無助絕望，醫師也束手無策。「她不是真的病了，只是神經衰弱，所有器官都正常。」醫師這樣告訴沮喪的丈夫，希望他能體諒妻子並做適當調整，遺憾的是，丈夫通常無法區分能量低落和偽病或懶惰之間的差異。即使在這樣的家庭中還保有一些責任和善意，愛意也已經消逝。更何況，在懷疑妻子病情的真實性之餘還要試圖給予同情，不僅帶來莫大痛苦，也加深了夫妻之間的裂痕。

雖然天生神經質的妻子也可能締造非常甜蜜的婚姻，但普遍來說，這類婚姻風險較高。那麼，男人是否應該明知故犯地娶這樣的女人？在絕大多數情況下，這個問題毫無意義，答案顯然是：他會娶她。因為迷人的女性往往就是這類型，看看她們深邃動人的眼眸，瞳孔隨著情緒變化而擴大，表情豐富多變，臉色忽紅忽白，看起來十分可愛，雖然醫師冷靜地稱之為「血管舒縮不穩定」。這類人沒有中間值，不是極具魅力，就是極端古怪。

因此，對於前述問題的所有建議都無濟於事——而且從種族的角度來看，這其實是好事。我深信，比起更溫和的女性，神經質的女性更常生下能力出眾的孩子，因為她們細膩敏感的心思和強烈的反應是天才所必備的條件。不過，由於我們尚未充分掌握遺傳知識，大多數情況下都無法基於這一點來提供支持或反對婚姻的建議。當然，我們也不能重蹈切薩雷．隆布羅梭（Cesare Lombroso）[21]和馬克斯．諾度（Max Nordau）[22]的覆轍，把所有偏離常態的特質都視為退化。

但這並不會改變某些男性的家庭狀況，他們更關心自己是否過得舒適，而非後代有多大機率成為天才。確實，神經質的女性不適合嫁給窮人，因為她真正需要的是只有富人才能提供的東西：傭人、豐富的生活、頻繁的假期、無憂無慮的

21 編注：義大利犯罪學家，其研究主張罪犯因生理上具有類人猿的返祖特徵，進而導致犯罪傾向。
22 編注：匈牙利醫師暨社會評論家，世界猶太復國主義組織創辦人，信奉隆布羅梭的學說。

生活。當然，即使是最富裕的家庭也無法完全免於擔憂，畢竟疾病、衰老和死亡都是不請自來的無情訪客，但財富可以使人遠離貧窮及相應的煩惱，而且貧窮也許是人類最持久的折磨。

醫師在評估「神經官能症」時，也必須對患者進行身體檢查，因此接下來將轉向有生理疾病的家庭主婦。

首先要記住，嚴格來說，「神經衰弱」的診斷屬於排除性診斷，也就是說，只有在排除了所有可能引起類似神經衰弱的生理病因之後，才能確定這一診斷。舉例來說，在心臟、肺部、腎臟、性器官等身體部位有病變的婦女，她的症狀可能會無異於神經衰弱的家庭主婦，包括各種痠痛和疼痛、情緒波動或情緒失控，簡單來說，就是能量耗損。

人們常常忽略了，雖然生育是自然過程，但不僅在當下會有風險，對女性的未來健康也會造成長遠影響。第一胎分娩幾乎都會對女性的內外生殖系統造成損傷，尤其是二十五歲以上的產婦。立即修復損傷部位是很重要的，但實際上有多大比例這麼做呢？根據本人在這領域的有限經驗，以及經驗豐富的權威專家的說法，只有非常少的案例這麼做。

我要表述的是，婦產科權威認為，比起上一代女性，現代女性在自然分娩時面臨更多困難。撇開原始女性邊走路邊生產的傳奇故事不談，在一個日益文明且重視女性價值的時代，女性自然分娩的能力似乎確實下降了，尤其是第一胎。

為何會這樣？這是個根本的問題。而且，往往是打網球、騎馬、從事運動的女孩在分娩上遇到困難，而不是柔弱、畏縮、傳統型的女孩。難道積極而充滿挑戰的生活方式不利於女性輕鬆勝任母職？似乎確實如此。看來，女性的工作越陽剛，履行傳統女性功能的能力就越弱。不過這有些離題了。

在做出「神經官能症」的診斷（或其他類似的醫學診斷）之前，必須先排除一系列可能導致身體不適的因素，例如：子宮後傾、會陰撕裂，以及扁平足、心臟瓣膜疾病等大大小小的問題。

顯而易見地，本章只簡單討論了幾種特別容易發展出家庭主婦神經官能症的人格類型。無論男女都不容易被歸類為某個「類型」。一個女人可能在某方面非常敏感，在其他方面卻跟犀牛一樣遲鈍，譬如她可能無法忍受丈夫的鼾聲，卻樂意住在醜陋的現代公寓裡，跟一隻貴賓狗作伴。又如，過度盡責的女性可能會花很多力氣把家裡打掃得一塵不染，但三餐都讓家人吃不健康的外食；過度情緒化的女性可能會因小事落淚，但在遭遇重大危機時卻異常堅強；天生神經質的女性可能平日不勝家務，但在爭取婦女選舉權的運動中卻表現得英勇無畏。也許男人永遠無法真正理解女人，但女人其實也不理解自己，在這一點上，她們跟男人並無不同。

有些人或許會提到女性容易嫉妒、自私，或羨慕比自己幸運的姐妹，這樣的女性經常受仇恨念頭所折磨。然而，嫉妒、自私和羨慕這三種特質並非只見於女性，男性同樣擁有這些特質，它們是人性的一部分，既有重要功能，也會造成困境，既是神學家眼中的三大原罪，也是人類的三大驅力。不過這三種特質通常是指對生活刺激的反應，而非與生俱有的人格特徵，後續章節會再詳加討論。

雖然我們討論了容易罹患家庭主婦神經官能症的人格類型，但本書的主要論點是：形塑社會的巨大力量和女性的生活環境才是導致她們神經衰弱的主要原因。接下來，我們將直接且全面地探討這些因素。

CHAPTER 04

這些家事誰來做？

家務和家庭
作為神經衰弱的成因

The Housework And The Home As Factors In The Neurosis

人類最顯著的特徵之一是慾望不斷增長，從而導致無止盡地追求滿足。說穿了，人眼中的目標不過是階梯上的一根橫桿，各種壓力總會迫使人繼續往上攀爬，直到精疲力盡。

這基於一個偉大的心理學定律，即韋伯—費希納定律（Weber-Fechner Law）：當你將手放入溫水中，一開始會覺得很溫暖，但這種感覺很快就會消失，必須注入更熱的水才會重新感受到溫暖，否則就得把手拿出來。這一定律適用於所有慾望和感官刺激。唯有失去某樣東西，才會珍惜它；一旦滿足了某個慾望，就會產生新的慾望。

在討論家庭主婦的情況時，同樣需要強調這一定律，但還要額外考慮一點：一名女性對於身為家庭主婦的反應，取決於她對生活和家務的期望。如果她只想成為家庭主婦，對生活沒有其他要求，就會滿足於這樣的處境；而如果她抱有更高期望、更多要求，就會不甘於只當個家庭主婦。

除了疼痛、飢餓、口渴和死亡，其他的不愉快事物並非固定不變，而是因情況和個人而異。不愉快通常源於受挫的慾望、未實現的期望，以及不符合個人喜好的事物。本書的主要論點之一是，家庭主婦神經官能症在很大程度上源於女性日益增長的慾望，她們渴望更充實、更豐富的生活，而不是被傳統家庭主婦的角色束縛。無論是隱藏於心中還是公開表達的不滿、沮喪、厭惡和心灰意冷，都是導致疾病的部分因素。此外，女性也越來越無法忍受家務工作中的枯燥乏味。

那麼，什麼構成了這項勞務的挑戰？首先是家務工作的地位。只要經濟許可，女性會選擇聘請幫傭來分擔家務。然而，家庭幫傭越來越難找，這反映了即便是所謂的傭人階級也不喜歡做這類工作。因此，無論如何辯解，都難以否認一項結論：家務工作本質上必然是不愉快的。雖然其中某些事物可能令人樂在其中，例如烹飪或縫紉，但沒有人會喜歡在完成這些工作後不停地重複打掃、洗碗、洗衣服、熨衣服，這些瑣事一旦完成，就彷彿有隻無形的手命令你重新開始。更不用說還要照顧孩子！

我不把那些擁有一名廚師、兩名女傭、一名管家和一名司機的女性歸類為家庭主婦，她們更像是家庭的管理者。我指的家庭主婦是必須自己完成所有（或幾乎所有）家務的可憐女性，或稍微幸運一點的女性，雖然有女僕幫忙，但還得不斷督促她完成應做的事——女僕多少減輕了一些負擔，但大部分家務仍需要家庭主婦親力親為。畢竟，只有十分之一的女性能夠得到任何形式的幫助！

因此，當我說家庭主婦是最迷人、最高貴的女性，而她的大部分工作卻相當卑微，這並不誇張。有些人可能會對此憤慨，義憤填膺地談論家政科學、清潔衛生、飲食熱量、兒童教育的重要性，或高談闊論「家」是社會的基石。對此我只能表示贊同，但我必須提醒這些憤慨的人：挖溝渠的工人、垃圾清運工和下水道清潔工都是衛生和文明的支柱，但他們的工作卻令人嫌棄。

「光說不練沒有用」。儘管有少數人即使面對最卑微的工作，也能賦予其尊嚴，但一般人面對類似處境往往只會唉聲嘆氣、抱怨連連。家務在其目的和宗旨上，堪稱最高貴的工作，然而在方法和技術層面上，它卻是最低等的工作。成果、理想、目標和可能性必須跟執行的方法區分開來。

其次，所有居家工作者都面臨隔離和孤立的困境。人類是群居動物，至少需要有人來爭吵，然而我們卻像松鼠藏堅果般，出於私有財產的考量，刻意將自己的家庭與外界隔絕。隱私權儼然變成一種明確而精緻的需求，為了保持謙遜以及家庭親密和諧也需要仰賴隱私。

這對丈夫和孩子來說或許是件好事，但對家庭主婦卻並非如此。她獨自在家完成所有工作，而當丈夫下班回家只想待在家裡，她卻想外出透透氣。孤獨且思緒可以自由漫遊的工作，幾乎必然會引發白日夢和內省。而單調、白日夢和反思正是家務的基本要素。

讓我們來思考「單調」及其相應的影響。人類最重要的需求之一，就是尋求新刺激。單獨監禁是最嚴酷的懲罰，因其殘忍程度，在某些地方甚至被禁止。我們需要世界的歡快嘈雜，也需要大地的景色、聲音和氣味來激發活力。我們必須擁有同伴的交流和陪伴，這不是為了獲得知識，而是為了對生活保持熱情。對大多數人而言，向內自省並不是愉悅的經歷，只有少數時刻或少數人會在深入自我探索時感到愉快。人的本性嚮往外部世界，面對自我則讓人局促不安。

無論男性或女性、家庭主婦或工廠員工，人都是尋求感官刺激的生物，一旦缺乏新刺激，就會陷入無聊及不安的痛苦狀態，渴望解脫和自由。的確，有些人可能會一味追求刺激，變成焦躁不安、喜新厭舊的享樂者，沉迷於稀奇古怪的事物，徒勞地追求邏輯上不可能存在的東西——永恆的新鮮感。然而，多樣性不僅是生活的調劑品，也是使人保持興趣、專注於明確目標的基礎。

當然，人對多樣性的需求有很大的個別差異，通常跟天性和教育背景有關。孩子眼中新鮮、刺激的有趣事物，大人可能覺得平淡無奇；都市人認為乏味的事物，鄉下人可能深受吸引。如果一個人被訓練為習慣某種生活方式，被教導要期待特定事物，可能就會覺得沒必要探索其他新鮮的東西。換句話說，習慣於接受廣泛刺激的人需要多樣化的生活，而不習慣的人則不需要。

生活中最重要的刺激來源正是**他者**，他們能激發我們產生新的思維、感受和行動。正如社會心理學家格雷厄姆・華勒斯（Graham Wallas）所言，我們需要的是「面對面的思想交流」，即他人的言語、情緒和行為所引發的想法。

忙碌的家庭主婦顯然缺乏這類重要刺激，尤其在現代的公寓生活，「她無人可以說話」。沒錯，她可以責罵和管教小孩，對他們曉以大義或喋喋不休地說教，但跟兒童的心靈接觸無法讓人滿足，那沒有同伴之間的感覺，也不像成人心智可以互相交流。於是家庭主婦只能反思和做白日夢，這對一些女性來說可能影響不大，但對其他女性來說卻是十足的災難。

如果婚姻生活令人滿意，反思和白日夢可能會非常愉快，就跟新婚時一樣。年輕的新娘幻想著堅定的愛情、持久的理解、未來的成就和財富、美好又不可思議的新生命。同樣，幸福的女人滿腦子也是愉快的念頭，她的夢想完全是現實生活的延伸。

但是對於不滿意婚姻生活或不幸福的女人來說，白日夢既快樂又痛苦。她不斷逃離現實，在幻想中尋求慰藉，然而現實總是無情地將她拉回生活的苦澀。她意識到白日夢是幼稚且無濟於事的，並試圖反抗不切實際的幻想，內心因而充滿衝突與掙扎。不忠和災難性的想法悄悄滋生，儘管她試圖驅逐這些念頭，它們仍舊一再浮現。隨之而來的是深深的厭惡感和精力耗竭，最後經常導致身心疲憊和厭倦情緒。

各位可以把「興趣」想像成一劑補藥。我們經常見到一群人彼此之間缺乏互動，百無聊賴又疲憊地坐在那裡，有人打哈欠，有人東張西望。但是當加入一個重要或有趣的人，原本的疲憊神奇地消失，每個人都變得神采奕奕、精力充沛。

俱樂部之所以興盛，正是基於家庭生活單調乏味。男人利用酒吧、撞球館、街角和會議室等聚會場所，逃離妻子和家庭的沉悶氣氛。然而，雖然家庭主婦更需要解脫，卻常常無處可去。

此外，非家庭型、具備專業技能的女性，以及婚前備受寵愛和追捧的女性，通常最難忍受枯燥的家庭生活。當然，有許多女性把家庭視作避風港，讓她們得以逃離更艱苦、更讓人疲憊不堪的外在世界，或是將家務視為神聖的職責，是履行家庭責任的重要方式。哪一類型的女性較優秀，取決於不同的觀點，不過可以肯定的是，女性主義和工業時代興起，使得越來越多女性難以安於家務。

家庭主婦可說是靜態生活模式的典型代表，每天早上起床就開始忙碌，到晚上睡覺時，往往一整天都沒有出門。尤其是缺乏幫手、需要自己照顧小孩的女性，除了晾衣服或去商店採買之類的瑣事，幾乎無法離開家裡。

當然，即使處於如此艱難的情況，有些家庭主婦仍然能夠每天外出，因為她們要麼精力充沛、做事俐落，要麼不抱有過強的責任感。不過，對許多家庭主婦來說，待在家已成為習慣，空暇時坐在椅子上或躺在沙發上看看書報，似乎是最理所當然的休息方式。

靜態生活模式對健康和情緒有幾個重要影響，首先是整個人的活力會明顯下降，可能是因為通風不良，或缺乏維持良好肌肉張力所需的運動。雖然家庭主婦的工作辛苦，但還是需要行走、跑步、游泳、重量訓練等活動來鍛鍊肌肉，而在文明出現前的好幾世紀裡，這些活動是人類生活中不可或缺且愉快的一部分。

其次，靜態生活模式可能導致食慾不振或食慾起伏。家庭主婦經常三不五時就吃點零食，而無法養成真正良好的食慾。這並非女性對於「手邊隨時有食物」的特有反應。只要觀察任何男廚師，或更方便的做法是，留意一下週日待在家的男人，他們大部分的時間都在搜刮冰箱裡的食物，結果到了週一往往昏沉乏力。

此外，沒有幫手的家庭主婦幾乎無法愜意地吃一頓飯，每上一道菜她就要起身忙進忙出，飯後也無法放鬆休息，因為有一堆碗盤等著收拾，這種緊繃的狀態經常使她消化不良。

追求更精緻化的生活也加劇了這些困難。如果全家一起在飯廳用餐，每道菜都使用單獨的盤子和不同的餐具，餐桌上鋪的是潔白的亞麻布而不是塑膠布，將帶來更多的工作量、更大的壓力，以及更少的舒適感。所謂的精緻往往只是殘酷的負擔，不僅浪費精力，更剝奪了幸福感。

靜態生活的另一個嚴重後果是便祕。即便在最理想的家庭環境下，女性還是比男性更容易有此問題，這跟人類比四足動物更容易便祕的情況類似。人類雖然發展出直立行走能力，但身體結構尚未完全適應這樣的改變。生育、缺乏運動、穿束腰，以及早晨匆忙而無法養成規律排便習慣，都會導致腸道蠕動緩慢。事實上，醫界甚至戲稱女性可以定義為「便祕的兩足動物」。

雖然把許多問題歸咎於便祕是外行人的做法，但便祕的確會造成實際危害，正如第二章描述的伏爾泰的故事所示，對許多人而言，腸道過度負荷會導致情緒低落。此外，便祕有時還會影響食慾，引起不安，降低工作效率。我們還不確定前述情況是否跟自體中毒有關，但便祕對情緒和活力的影響，以及跟神經衰弱的關聯，確實不容忽視。

家務工作的性質，以及單調、靜態生活的後遺症，對於經濟條件較差的女性影響尤為深遠。神經官能症並不是富人專屬的疾病，無論身處哪個社會階層，缺乏目標和日常任務（如富裕階層女性常見的情況）都可能迅速導致士氣和活力低落。同樣，盲目追求享樂不僅浪費精力，還可能損害健康及扭曲人格。

只有局外人才會美化貧窮，在窮人眼中「貧困的生活有如地獄」。後續篇幅將討論貧窮所導致的嚴重心理傷害，以及更嚴重的身體傷害。就家庭主婦而言，物質層面的貧乏意味著：(1)永無止盡的工作。(2)逃離不了繁重的家務和單調沉悶的生活。(3)分娩過程造成的損傷無法完全康復。(4)住在簡陋且管理不善的房子，缺乏便利設施和生活必需品。

儘管許多貧困女性都能堅強地承受重擔，但這僅僅證明了人類固有的生命力。如果讓男人持續一個月承擔妻子的責任，他在道德、身體和精神上都會崩潰，要不然就是只做最基本的家務。如果由男人打理家庭，清潔打掃只會久久進行一次，三餐會簡陋到只滿足基本生命需求，衣物沒必要熨燙，漂亮的亞麻桌布也是多餘的，孩子們則會像小動物一樣四處亂跑。換句話說，所謂的家庭文明的一個重要部分將會消失。

如果讓男性來操持家務，他們也許會重新組織家庭運作方式。當今的家庭主婦只能做到有限的合作，她們的社會意識尚未完全發展。[23] 男性則可能會（而且我認為很有可能）採用類似俱樂部的做法，以集體分工的方式來管理家務。

撇開這個題外話。家庭主婦的生活中有許多消耗體力的因素，需要進一步闡述。前面提過產後恢復時間不足的問題，而分娩的後遺症，例如靜脈曲張、扁平足、背部拉傷等，都會對當事人的生活造成負擔。富裕的女性可以充分休息，也較容易取得適當的醫療照顧。但貧困的女性卻無法休息，而且只能求助於過勞的家庭醫師，或人滿為患、草率隨便的醫療院所，她們因為經年累月拖著病痛而過早衰老，也因為持續的困擾和煩惱而失去生命活力。

心理因素和生理因素不可分割，因為兩者之間並不存在明確界線。女人的人生目標之一就是變美，或至少要長得好看。她們從小就被教導，美貌是獲得讚美、奉承和特權的途徑，導致追求外表變成她們的主要目標，甚至是理想。

不同於男性的目標，女性的外貌目標通常在年輕時就已達成（如果能夠達成的話），然後隨著時間逐漸消逝。富裕女性和少數例外的貧困女性，其美貌和身材或許可以維持較久，但是到了四十歲左右，她們通常也會放棄打理外貌。貧困女性通常比一般女性更早經歷容貌衰退——繁重的家務、生育孩子、靜態生活模式、日常煩惱和不懂得珍惜她的丈夫促成了這一致命改變。

我懷疑男人是否會跟女人一樣，痛苦地看著青春年華老去，畢竟對男人而言，成熟意味著成功、更強的能力、更多的成就，以及更高遠的目標。對於將婚姻視作人生主要目標的女人而言，成熟則意味著失去對伴侶的吸引力，失去他人的讚美和關注，這實際上意味著人生目標的挫敗。

我發現，最嚴重的家庭主婦神經官能症好發於三十幾歲的女性，她們之前通常容貌姣好或極具魅力，如今，她們注視著眼角逐漸增多的魚尾紋、無處不在的細紋，以及遮住頸部和身體線條的脂肪，內心的煎熬有如將軍無助地看著敵人切斷自己的通訊線，或政治家無奈地盯防著死對頭的崛起。

大眾文學、流行藝術、熱門戲劇——甚至還包括電影，都聯合起來反抗現實，這當然是為了迎合大眾對「完美結局」的期待。雖然站在出版商、編輯和製

23 譯注：此處描述的是二十世紀初期的現象。

片人的立場，「完美結局」有其心理上和銷售上的必要性，但真實情況是，未被正視的生活困境依舊持續，忽視和逃避並不會讓不愉快的事物消失，實際上，反而讓情況更加嚴重。

雖然本章提到家務工作的卑微、單調和靜態本質，以及相關負面影響，但這並不否認家務也有其令人愉快的一面，例如提供了私密空間和展現自我的舞臺，並且培養了文明社會所必需的美德。我沒有強調家務的正面部分，是因為小說家、編劇、神職人員和政治家總是在談論這些。家庭主婦的神經官能症並不是由家務中令人愉快的部分所引起，而是生活中不愉快的部分。更確切地說，重點在於，對每個家庭主婦而言，哪些事物是不愉快的，而我的任務就是說明這些事物是什麼、它們會產生哪些影響、最終應該如何處理。

CHAPTER 05

曾幾何時，快樂變得那麼難

對不愉快事物的反應

Reaction To The Disagreeable

討論家庭主婦生活中不愉快的部分，有助於我們更了解家庭主婦的神經官能症。

生活經歷可以分成三大類：令人愉快的、無所謂的、令人不愉快的。每個人在判斷什麼是愉快、無所謂或不愉快時，意見不盡相同。正如俗話所說，你的蜜糖可能是別人的毒藥。不過，面對不愉快的事物時，人們的反應則大同小異。而生活中的愉快事物雖然可能降低效率或對性格產生負面影響，但不至於引起神經官能症。至於理論上無所謂的事物，則可以忽略不計。

1.我們認為不愉快的事物可能帶來災難後果，因此會對它們產生恐懼。這樣的恐懼可能表現為逃跑（這是正常反應），也可能表現為某種功能癱瘓，例如暈厥或極度虛弱而無法逃跑。但恐懼經常遭到誤解，人們輕率地表示要消除一切恐懼，因為它完全是有害的。「我們不應該讓孩子經歷恐懼，那是錯誤且不道德的行為，他們應該在陽光和歡笑中成長，生活在沒有恐懼的環境裡。」有些教派和小型宗教團體對現實抱持過度樂觀的態度。

事實上，恐懼是人類生活的巨大驅力之一（我差點說成最大驅力）。對自然災害的恐懼促使人們建造房屋，對飢餓的恐懼催生了農業和糧食儲藏技術，對疾病和死亡的恐懼使醫學獲得重視，對未知的恐懼是保守主義的支柱，對不時之需的恐懼讓人養成節儉的習慣。對死亡的恐懼不僅是宗教的基礎，也是人壽保險的根基；對遭受嘲笑和指責的恐懼是形塑道德的重要力量；而任何與神合一的企圖永遠無法取代對神的敬畏之心。

2.恐懼固然是生活的建設性力量之基礎，而與之密切相關的憤怒——另一種經常被感性主義者（sentimentalist）嚴重貶低的情緒，也是推動生活的重要因素。令人不愉快的事物可能會因為抑制本能、妨礙願望或目標的實現而激發憤怒。憤怒情緒可能會突然爆發成破壞性的狂怒，試圖移除障礙；也可能會以悶悶不樂的形式慢慢積累；或者結合思考，轉化成周詳的計畫以克服或戰勝對立面。憤怒可能表現為暴力毆打，也可能表現為對錯誤和不公正的憤慨，它是一切戰鬥精神的源泉。可以說，沒有恐懼，就不會形成目標；而沒有某種形式的憤怒，就永遠無法實現目標。

3.雖然恐懼和憤怒可以依次或在不同時刻發揮作用，但如果某個不愉快的情境或事物同時激發這兩種情緒，或者當無助的憤怒浮現、戰鬥本能被恐懼癱瘓、懷疑油然而生，就會導致能量耗損。

因此，人在面對充滿敵意或非常不愉快的情境時，可能會以能量來應對，例如計畫、建設性的逃避或破壞行動；但也可能陷入能量耗竭、困惑、癱瘓或絕望憤怒。此外，這樣的情境還可能引起強烈的內在衝突，伴隨持續高張的情緒、疲憊、無法採取適當行動，以及因懷疑和不確定性而產生的煎熬。

最後一種反應在家庭主婦中很常見，因為她們的處境很難做出明確決定：一方面，她們努力符合教育、訓練、社會壓力和自身願望所植入的理想形象；另一方面，家務工作又讓她們感到厭惡、憤怒、疲憊、乏味。這樣的內在衝突會讓家庭主婦停滯而無法採取有效行動，因為她們既無法完全接受也無法完全拒絕現狀。

這意味著，對人類來說，最重要的是擁有明確的觀點和清楚的行動起點。要動員心智和身體能量，必須抱持信念、目標和明確的意圖。靈敏、積極，且渴望在離世之前取得成就的人，無法忍受渾渾噩噩的生活。人是唯一深刻意識到自己終將死去的生物，因此也是唯一害怕時間流逝的生物。人若是有成就感，或具備堅定的信念和目標的人，就可以泰然接受時間的流逝；反之若是心存困惑，則難以忍受。

歸根究柢，家庭主婦的神經衰弱及相關病症，基本上是對不愉快事物的反應，疲勞、疼痛和情緒波動都源於這種反應，除非有明確的生理病因，但即使如此，也會造成惡性循環，嚴重影響身心。生理疾病造成的虛弱和疲憊感，以及意識到能力受損，都會以神經衰弱的形式表現出來。但醫師常常忽略了，身體缺陷或損傷也會引起神經和精神症狀，例如恐懼、絕望的憤怒、悲傷，以及懷疑的痛苦。

簡單討論完對不愉快事物的幾種反應後，讓我們再次回顧可能導致家庭主婦神經官能症的不愉快因素。

孩子是家庭的樞紐，也是婚姻的生物學目的。長久以來，母性本能一直被認為是文明的重要推力之一，是人類同情與溫柔情感的源頭。雖然眾所周知母子關係中美好的一面，且再怎麼強調都不為過，但母性本能同時也存在著殘酷、嫉妒和狹隘的一面。在競爭激烈的世界裡，對自己孩子的關愛和支持往往自然而然地導致對其他孩子的冷漠與不公。儘管最偉大的母親能將對自家孩子的愛擴展至所有孩子，但不少女性卻在自己孩子的成長與福祉中看到了主要的競爭來源。

母愛的回報主要來自自我滿足，而非外在獎勵。孩子往往將母親的犧牲視為理所當然，而且在最初幾年之後，父母和孩子的關注重點就會開始分歧。新舊世代之間存在著永無止盡的鬥爭，此為事物本質的固有特徵，只要年輕人擁有自由，這種鬥爭就會一直存在。全世界都在歌頌母愛，卻很少有孩子能夠以任何形式的等價物回報母親的愛與犧牲。

在社會越來越重視女性的時代，母性本能是否正逐漸減弱？自古以來不乏糟糕、粗心、自私的母親，這樣的人是否越來越多？答案或許是否定的。然而在現代女性心中，母性本能正面臨著威脅。現代女性渴望參與世界脈動，也渴望追求知識、拓展視野，因而對封閉的家庭主婦生活感到不耐煩，這跟全心全意奉獻自我的母性產生了衝突，進而造成身心不適。當然，對大多數現代母親的影響並不大，或根本毫無影響，但對許多女性來說，仍是值得關注的重要問題。

神經緊繃的家庭主婦在親子關係上也面臨許多難題，雖然先前已零星討論，但把它們視為一個整體來考慮，將有助於更全面地理解家庭主婦的神經衰弱問題。

第三章提過，婦產科醫師認為現代女性在分娩上比前幾代女性面臨更多困難，如果這一點為真（考量到婦產科醫師通常會遇到較多困難案例，或對這些案例的印象特別鮮明），那麼有幾種可能的解釋。

第一，女性越來越傾向晚婚。一般認為，女性最好在二十五歲以前生第一胎，過了二十五歲，生育孩子的難度會迅速增加。骨盆跟其他骨關節結構一樣，隨著年齡增長會逐漸失去可塑性，而骨骼可塑性正是順利生產的關鍵要素。同樣，子宮作為肌肉組織，其彈性也會隨女性年齡增長而漸減。

第二，胎兒通過產道的過程必須仰賴子宮的強力收縮，這主要由交感神經系統控制，而遍布全身的腺體也扮演重要角色。交感神經系統和腺體不僅參與生育機制，同時也涉及情緒調節，而情緒在生育過程中具有重要作用。現代女性對生育的恐懼超過了她們的祖先，部分原因是她們更了解其中的風險和挑戰，部分則因為她們對生活的態度跟前人不同。

「在生育上遇到更多困難」意味著恢復期更長，以及需要更多休息和照顧。

此外，哺乳也變得更加困難和耗費精力，現代女性雖然更抗拒餵母乳，卻又深知母乳的重要性，因此依然「努力維持乳汁的分泌量」。看來，似乎女性的哺乳知識越豐富，實際的哺乳能力就越弱。生活在貧民窟、知識貧乏的婦女，每當孩子哭鬧就給他餵奶，還會喝啤酒來催乳，反而比按時餵奶、藉由喝牛奶來增加乳汁的進步女性表現得更好。

隨著育兒教育普及，現代女性更加重視孩子的福祉，並形成強烈的責任感，無疑拯救了無數嬰兒的生命，因此這種責任感的代價是值得的。然而，這也帶來了另一個重要的負面影響，即增加了母親的疲勞和崩潰的風險。這一因素將在接下來要討論的主題——「孩子的教育和教養」中再次出現。

雖然家庭裡的孩子數量顯著減少了，給予他們的照顧和關愛卻成反比增加。在過去，擁有六個或更多孩子的母親，會讓排行較長的孩子幫忙照顧年幼的孩子，因此儘管她的負擔很重，實際上卻比看起來輕鬆很多。此外，雖然她愛護且關心孩子，但因衛生方面的知識遠不如現代女性，所以不會試圖讓孩子在無菌的環境中成長，何況家務工作如此繁忙，她便無暇顧及每個孩子的鼻涕和「潰爛的傷口」；由於對疾病了解不多，她的恐懼也少很多，從而免於因恐懼引發的能量耗損。反之，現代母親只要一聽到孩子打噴嚏或咳嗽就會很驚慌，一看到孩子出疹子就有不好的預感；她也非常注重孩子的飲食，時時留意孩子的生活和行為細節，然而這種強烈的責任感和一絲不苟的態度卻讓她面臨更大的崩潰風險。

必須記住，責任感和擔憂牽掛不僅是「心理層面」的事，還意味著疲憊、食慾不振、睡不安穩，這些都是導致神經衰弱的重要因素，事實上，它們占了了神經衰弱的很大一部分。

或許未來的一代能找到方法，在教授衛生知識時避免造成過度關注和恐懼。大眾教育固然有其價值，但也有病態的一面，現在就得認真看待，因為這種病態的影響不僅對母親有害，對孩子也絕對不利。

當今時代的孩子是家庭的關注重心，父母對待孩子的方式不是過分寵愛，就是過度批評，導致孩子往往變得嬌生慣養或神經衰弱。過度盡責的父母經常以「不可養成壞習慣」為出發點，彷彿忘了「試誤學習」才是自然的學習過程。孩子會為了體驗而一一嘗試不同的習慣，之後又自行摒棄那些習慣。對孩子而言，撒謊、偷竊、打架、自私、任性都是自然行為；缺乏餐桌禮儀、把警告（尤其是針對禮儀的警告）當成耳邊風，可以說是他與生俱有的權利。

然而，許多現代母親由於追求完美，擔憂孩子的一次「壞行為」會變成習慣，進而形成惡劣性格，卻讓孩子陷入過度內省和自我意識過剩的狀態，她自己則神經衰弱，丈夫也瀕臨爆炸，全家人都受折磨。

尤其是第三章描述的「過度追求美感型」和「過度盡責型」的母親。我見過一些女性，她們把餐桌變成批評孩子禮儀的場所，而不是用餐的地方，導致孩子悶悶不樂，胃口盡失。

同樣，過度宣傳天才兒童曾一度導致填鴨式教育蔚為風潮，卻造成孩子過早神經衰弱的嚴重後果。蒙特梭利教育法則讓每個母親都變成了幼兒園老師，儘管該系統有其優點，但實際上仍是弊大於利。孩子需要親自探索生活，這表示，大多數母親需要很長的時間才能真正了解如何輔助孩子。

母親在「如何管教孩子」上的疑惑，往往會傷害到孩子的成長。是否應該效法上一代的傳統體罰方式，訴諸痛苦和責備？還是該採用現今強調的道德勸說方式，訴諸良心和理性？新教養方式的倡議者不斷向母親傳送各種觀念和建議，但她發現道德勸說對自己的孩子似乎無效，可是她又不願意施以體罰。

本書並非旨在深入討論兒童教養，但必須指出的是，讚美和責備、快樂和痛苦，都是行為的強大誘因。人無法只用一根韁繩駕馭馬匹，同樣，也無法只透過一種情緒或感受來引導孩子走向社會化。體罰有其必要性，應當慎用，但在必要時應該果斷且有效地執行。當然，讚美和獎勵同樣必不可少。

這裡要強調的是，對孩子的強烈責任感和過分苛刻的態度，是造成現代家庭主婦神經緊繃的重要因素。知識增長和需求提升，雖然帶來了好處，但也伴隨了壞處。如同其他領域，在教養上一知半解是危險的，但更大的困難在於，儘管有些教養方式被大肆宣揚為唯一的解方，目前仍未出現關於人格或人格發展的真正科學。[24]

無論在什麼地方，疾病都會造成深切的悲劇，生病的孩子更是每個家庭都會

24 譯注：本書原文出版於一九二〇年，而高爾頓．奧爾波特（Gordon Allport）於一九三七年提出研究人格的實驗方法，才奠定人格心理學的實證基礎。

遇到的難題。在許多案例中，我發現家庭主婦神經緊繃的根源之一，來自對孩子的照顧和擔憂。確實有些體質孱弱的孩子，似乎「什麼病都會染上」，從出生就難以餵養，而且經常反覆感染各種疾病，導致焦慮的母親對孩子的細微變化格外敏感，任何膚色或臉色的改變都懷疑是疾病的徵兆。孩子通常會因生病而影響情緒，變得暴躁、陰晴不定、淡漠，而且比平常更難照顧。當家中有生病的孩子，除非有傭人或護理師幫忙，否則對照顧者來說，不但睡眠被打亂、額外的工作增加，也不能隨意外出，還要擔心沉重的開支，這一切都讓人神經緊繃，最後通常就崩潰了。生活彷彿失去了樂趣，每一天都是煎熬的等待。

隨著孩子康復，如果母親能夠得到充分休息，大多數情況下不會有顯著的能量耗損。然而，很多時候即使母親迫切需要休息，卻往往事與願違。事實上在這種時候，母親比孩子更需要被照顧和休養。

對於疲憊的家庭主婦來說，合適的休養場所實在太少。雖然有不少名聲響亮、環境優美的養生中心，配有醫師和護理師提供醫療服務，但這些地方的價格高得令人咋舌。在我撰寫本書時，最低價格的養生中心每週也需四十美元[25]，這樣的費用讓多數需要這些服務的人望而卻步。

此外，如果家中有年幼的孩子，又沒有可靠的幫傭或熱心的親友相助，家庭主婦幾乎無法離開家，而丈夫必須每日外出工作以維持家計，除非他們願意向慈善機構求助，否則家庭主婦儘管疲憊還是得撐下去。在最好的情況下，她一天只能多休息一、兩個小時，服用家庭醫師開的「小補藥」，並盡可能地忍受各種疼痛、不適和情緒波動。

生病的人並非總會康復。面對死亡，一般人通常會哀悼一段時間，但很快又會淹沒於各種生活壓力，悲痛最終也只成回憶。但我們偶爾會遇到一些母親，她們的悲傷和失落似乎永無止盡，任何宗教或人生哲理都無法讓她們重回生活正軌。她們彷彿在悲傷的夢境中徘徊，緊緊抓住自己的痛苦，抗拒任何安撫和慰藉，也不在乎日常事務或應當關愛的人。由於拒絕接受幫助，她們在調適和恢復

25 編注：依通貨膨脹率換算，當時的四十美元相當於今日的六百二十至五十美元（約兩萬新臺幣）。

元氣上遇到了最嚴重的問題，有時讓人覺得她們的悲傷是種贖罪，為了真實或想像中的疏忽而自我懲罰，直到完全彌補了自己的過失為止。

除了生育和撫養孩子而引發的身體疾病，以及如何選擇適當教養方式等常見的心理難題，還有一些重要的特殊問題。成人的性格各不相同，從聖人到惡棍都有，能力也各有所異，上至天才、下至弱智。每個孩子之間也有極大的差異，有些孩子即使在最糟糕的家庭、最惡劣的環境、最差勁的管教中長大，卻煉成純金般的品格，因種種磨難而擁有高尚堅忍的情懷。然而，也有些孩子無論受到多少關愛、管教、訓練和好處，卻依然無法進步；在一般人眼裡，這樣的孩子從出生到老死都令人厭惡。有些家境貧困、健康狀況不佳的孩子卻發展出卓越的才華，反之，也有些可憐的孩子因為遺傳、早期疾病或先天缺陷而注定成為智能不足者。

母親的心永遠牽掛著孩子，她為孩子的進步而自豪，並拒絕承認孩子的缺陷，直到這些缺陷變得無法忽視，到那時，她會因為母愛而更加心痛不已。

對家庭主婦而言，無可救藥的壞孩子和心智有缺陷的孩子經常引發最劇烈的神經衰弱反應。這不僅傷害她的自尊，打擊她的期望，而且照顧這樣的孩子的沉重負擔，遠超過照顧三、四個正常孩子。

自私、不守規矩、破壞性強且愛爭吵的壞孩子，或是學不會誠實、經常蹺課逃家的孩子，始終是讓母親「神經緊繃」的根源。隨著時間推移，當這些問題被確認為孩子的根本特質而難以改變，母親內心的愛與恨便開始激烈交戰，嚴重損害其身心健康。這樣的母親會出現最嚴重的神經官能症，她們的情緒、目標和能量都會受到極大的負面影響。

同樣，患有心智障礙的孩子其母親也面臨相似困境。起初，母親會用各種理由來解釋孩子在學走路、說話、維持個人衛生方面的發展遲緩，如之前的疾病、頭部受傷、長牙困難或飲食問題等等。然而，當孩子進入幼兒園後，殘酷的事實很快就會傳到母親耳裡，老師會回報「孩子學習緩慢、動作笨拙」，並建議帶到醫院檢查。最後，母愛終於屈服於醫學檢查結果或持續觀察的壓力，承認孩子智力低下的事實。

許多母親一旦接受這個事實，便會調整心態，勇敢面對。但也有些母親因此失去了生活的所有樂趣，變得抑鬱消極，甚至無法享受跟其他正常孩子相處的時光。儘管我完全尊重優生學和統計學，我依然相信大部分智力障礙是偶發的，而非遺傳所致。一旦母親被灌輸「智力障礙是遺傳疾病」的觀念，就會開始擔心其他孩子的健康。在我看來，公開尚未成熟的遺傳學或心理衛生研究只會引起不必要的恐慌，阻礙實際進展，應該加以避免。

對於頑劣的男孩或女孩，並沒有現成的解決方案。當然，大多數問題兒童最終都會有所轉變，有時甚至在一夜之間便發生顯著改變，讓人聯想到詹姆斯在其著作《宗教經驗之種種》（*Varieties of Religious Experiences*）中描述的宗教皈依。只要孩子還保有社會性的一面，或至少對別人的稱讚和責備敏感，並能意識到自己的錯誤，我們就可以對他抱持合理的期待。至於那些漠視他人意見，無視公序良俗和親近之人的稱讚與責備、只按個人意願行事的孩子，他們幾乎無可救藥。或許有朝一日，他們能運用智慧來避免惹禍上身，但光靠智慧無法改變其本性。

很多人沒有察覺到，女性主義興起的同時，兒童的地位也發生了巨大變化，這種變化使得照顧孩子比以往更加困難。過去，孩子在家中處於從屬地位，被教導要絕對服從，「有耳無嘴」，但現在他們已成為家庭中的核心人物。看來，美國幾乎家家戶戶都經歷了一場極為奇特的革命，卻未引起歷史學家和社會學家重視。人文學科的學者顯然都把注意力集中在被稱為「領導者」的小群體上，而鮮少關注賦予領導者方向和權力的廣大群眾。

我們正處在兒童的時代！兒童的發展與女性的進步及成長有著相似的軌跡，均經歷了個體化的過程。過去的教育和訓練著眼於兒童群體，而忽視了兒童的個別差異。然而，當前兒童文化已呈現出新的面貌，體罰幾乎已是過去式，個別化學習和對待成了主流。現代教育旨在培養孩子的獨特性，各類型學校的興起，如商科、工科、古典教育，甚至特殊教育學校，也讓人們開始注重學生的特殊才能。

這一切相當值得讚揚，假以時日必能取得卓越成果。即使在今日，也已經有了不錯的進展，然而這些進展在很大程度上被其他因素抵銷了。

舉例來說，對孩子過度關注經常導致他們自視甚高、任性反覆，變得更難以滿足。此外，還有其他因素使孩子失去了純真無邪的特質。

這些因素包括電影、報紙等大眾媒體，以及兒童之間流行的奢侈習慣。

電影是傳播資訊和錯誤訊息的絕佳媒介。由於電影能把最荒誕不實的故事安置於看似真實的場景中，其本質上的虛假和不真實往往更具危害性。雖然電影具有巨大的正向影響潛力，但實際上卻顯著降低了大眾品味，促使人們逐漸放棄認真閱讀，也不再參與能激發思考、增長知識的消遣娛樂。對兒童而言，電影是有害的刺激物，使他們過早接觸寫實犯罪、各種惡習和粗鄙言行，從而對適合童年的娛樂興趣缺缺。如今，經常可以看到被過度滿足的孩子，他們不斷追求刺激，表現出玩世不恭、過於老練的態度，滿腦子淨是電影中的故事和情節。

同樣，報紙上的「幽默」漫畫對孩子也極具吸引力。每個孩子都想看笑話版，然而這些內容並不適合兒童觀看，充滿了低級幽默和大量俚語，非常粗俗。不過對於不會受其影響的人來說，這些漫畫確實非常有巧思且也頗具趣味。

比方說，如果西元四五〇〇年的歷史學家偶然拿到幾份一九二〇年代的報紙，可能會合理地推斷：在那遙遠的時代，人們表達驚訝時會向後跌倒，連鞋子都掉了；表達不同意見時，則會用磚頭或棍棒敲打對方的頭；那時的女性通常比男性高大，而且經常「毆打他們」；所有丈夫，尤其是上了年紀的，都會追求任何年輕漂亮的女孩。那些歷史學家可能還會認為當時大眾的語言風格非常奇特，例如「棺材你告訴他們，我就死殼（咳）」[26]，或者像是「太座將至，還不快閃！」[27]。

我想沒有人比我更喜歡閱讀報紙的漫畫版，但它確實在孩子之間傳播了一種降低格調的病毒。當報紙經常示範最低俗的俚語，那麼教孩子正確、恰當的語法又有何用？當報紙不斷傳播粗魯和「野蠻」行為，那麼教孩子禮儀和良善又有何用？當惡劣的品味在生命早期就以吸引人的樣貌出現，傷害孩子的品味，那麼培養孩子良好的品味又有何用？

社會彌漫著浮躁興奮的情緒，這股情緒也體現在孩子身上。這世上令人嚮往的奢侈品如此之多，透過電影不斷展示出來，汽車、歌廳秀、日益粗俗的劇院（戲劇逐漸消失，取而代之的是女孩的歌舞表演）也是奢侈生活的象徵。即使在戰爭前，整個社會對享樂的無止盡追求也感染了孩子。

這一切都使家庭主婦在教育孩子方面的負擔更加沉重。她現在要應對的是更

26 譯注：原文作「You tell them Casket, I'm Coffin」，「coffin／棺材」為「coughing／咳嗽」的諧音雙關語。句中 Casket 和 Coffin 均指棺材，前者形狀為長方形，後者為六邊形或八邊形。

27 譯注：原文作「the Storm and Strife is coming; beat it!」，「Storm and Strife」（風暴與衝突）源自押韻俚語「Storm and strife that's the wife」，後成為「太太」的隱語。

機靈、更世故、更敏感的孩子，這些孩子很清楚自己的權力和地位。媒體和劇院都已覺察到這一點，最近一齣詼諧的戲劇就是探討孩子的罪行，是對昔日經典主題「父輩的罪愆」（Sins of the Fathers）的重新詮釋。另外，一名睿智的老先生在聽到他的孫子抱怨其母親時，也回應道：「你當然是對的，每個兒子都有權利要求母親服從自己。」

我絕不是悲觀主義者。每一步進展固然有其負面影響，但終究是向前邁進。我們也許永遠無法達到理想的完美社會，但我們可以大幅提升人類生活的價值和尊嚴。民主在世界上扮演著極其重要的角色，然而教育和機會的普及，可能會使得崇高理念和良好習俗，難以在迎合大眾的機構所釋放的平庸洪流中存活下來。同樣，女性和兒童地位提升也帶來新的挑戰，我認為這些新問題比它們所取代的舊問題更容易處理，但仍然十分重要。

其中一個重大挑戰是：如何讓孩子保有自己的獨特性，而不寵壞他；如何給予孩子自由和快樂，同時避免讓他過早變得世故。

CHAPTER 06

貧賤夫妻
百事哀

貧窮及其心理後果

Poverty And Its Psychical Results

在佛陀的故事中，正是因為意識到人生的四大苦難，才激發佛陀拯救世人的渴望。這四大苦難分別是：年老、疾病、死亡和貧窮。神學家和感性主義者一致讚美貧窮，神學家是因為他們在天堂尋找財寶，而感性主義者則是因為頑固地逃避現實，無法忍受苦難的存在，所以美化貧窮。但佛陀看得更透徹，拚命追求財富才是人之常情。

先前提到貧窮造成的物質匱乏會如何影響家庭主婦的神經官能症。這並不是說所有貧困家庭的主婦都會神經衰弱，那簡直是無稽之談。但是，劣質的食物、簡陋的住所、破舊的衣服、全年無休、疾病和分娩之後無法充分休養，這些都不是好事，只會產生負面影響，而這些負面影響正是家庭主婦神經官能症的根源。

此外，如果一名女性獨自承擔所有家務，包括煮飯、擦地、洗衣、熨燙以及各種瑣碎的雜事，還要負責生育和教養孩子，這些負擔超出了任何人所能承受的限度。也許有人會理直氣壯地說「看看上一代的女性是怎麼做的」，但如果我們客觀地看待這個問題，就會發現她們幾乎跟奴隸沒兩樣。總之，《解放奴隸宣言》並沒有把她們算進去。

貧窮不僅對家庭主婦造成物質層面的影響，還有一些重要的心理現象也值得關注。畢竟，在一個時代被視為貧窮的狀態，在另一個時代可能被當作富裕的象徵；一個人認為的貧窮，在他鄰居眼中可能是富足的。更重要的是，人所期待的財富一旦實現，可能反而讓他感到更匱乏。這又回到慾望不斷增長的問題上。

恬淡知足的女性，即使生活窮困也很滿足，因此免受導致崩潰的一大因素影響。知足就像神經系統的巨大盾牌，是抵禦疲勞和執念的堅固防線。然而知足也可能使人遠離成就，畢竟成就乃是源於不滿和渴望。至於是否值得以文明為代價，換取人類目前的成就，我不敢妄下評斷。然而不論是否值得，人類都執意奮鬥下去，即便可能導致心靈不平靜。

貧窮引起的心理傷害主要有兩種：恐懼和憂慮。接下來將探討這兩種因素在一些女性的神經官能症中扮演的角色。

憂慮是一種長期恐懼，通常是針對預期的生活狀況。人因為能夠預見未來，所以必須擔憂，否則可能會死於飢餓、疾病或災難。的確，人可能過度憂慮，不是擔心想像中的災禍，就是煩惱不可避免的災禍，但前者從未發生，後者如衰老和死亡，是每個人最後都會面對的問題。

生活安逸的人經常說：「有什麼好擔心的？」當然，他們的意思是，大部分的擔憂都是針對從未真正發生過的事。有道理。但那些生活在災難邊緣的人，以及因失業、長期疾病、或能力及資源喪失而面臨破產或依賴慈善機構的人，都無法像擁有豐厚銀行存款或股利配息的人那樣豁達。這些富裕的窮人顧問讓人想起古代寓言中的英雄，他們擁有神奇的武器和堅不可摧的盔甲，在戰鬥中無所畏懼。不禁使人好奇，如果這些英雄的裝備跟他們的敵人一樣簡陋，他們還能保有多少勇氣？

無法擺脫貧困的可憐家庭主婦，她們的丈夫不是工人，就是在失敗邊緣掙扎的生意人，生活對她們而言是一堵逐漸逼近的牆，一場沒有盡頭的敗仗。

這種情況特別常見於接近五十歲的中年女性。除了「更年期」或所謂的「衰退期」帶來的變化，還有一種常見的「人生時程」反應。對這些女性而言，老年已不再是遙遠的事，它近在咫尺，鏡子也預示著它的到來。這個階段的女性會擔心丈夫還能撐多久，然後開始煩惱「我們將來該怎麼辦？」

曾經獨立自主、生活閱歷豐富的長輩，晚年卻被迫依靠子女的善意度日，這是很可悲的結局。簡單說，過去需要被照顧的人如今成為支柱，曾經被引導的人現在是引導者，從前地位較低的人目前擁有較高的地位。這不是憤世嫉俗，因為即便孩子懷抱最大的善意，但如果他們自己的生活也很困頓，那麼照顧父母將成為一種負擔，而且他們遲早會表現出來。

預期自己辛苦奮鬥一輩子最終卻面臨如此淒涼的結局，是貧困帶來的憂慮之一，就跟害怕生病和失業一樣。

我們可以大聲宣揚，任何誠實正直的人都跟他人一樣優秀，真正的價值應該以品格衡量，而非只憑金錢來評斷一個人是否成功。這些都是事實，但困難之處不在於說服人們相信，而在於如何讓人深切體會。貧窮的深遠影響不僅僅是物質上的匱乏，更重要的是伴隨而來的自卑感。只有在小說家筆下波希米亞式的生活中，窮人才會感覺自己與富人平等。

人類最根本的需求之一，即提升自我感，基本上就是渴望超越別人，獲得別人的欽佩和尊敬。所有白日夢都在建造這座空中樓閣，所有雄心壯志都以此為目標。無論我們如何對自己和他人掩飾，人生的終極目標都是獲得權力和地位。當然，我們追求權力和地位可能是為了幫助他人，或希望這些成就是建設性工作的附加結果，但提升自我感依然是我們努力的最終目標。

貧窮會讓人感到自己不如他人，這一點適用於男性和女性。人是競爭性的社會動物，從孩子是否聰明可愛到帽子品味是否卓越，各方面都在競爭。金錢作為價值的象徵，不但具體明確，還具有「購買力」這一重要特性，因此成為了競爭和展示社會地位的方便工具。

女性跟男性一樣具有競爭意識。家庭主婦會在衣著、外貌、年輕程度、丈夫、孩子、房子、家務和財務狀況等方面互相競爭，她們不但在需要運用智慧的事情上競爭，也在愚蠢的事物上競爭。女人的奢侈行徑（這是後文將討論的難題）在多大程度上源於競爭心態，只有她們自己說得清楚，但可以肯定地是，大部分都是出於這個原因。

「嫉妒」和「羨慕」聽起來雖然有些刺耳，卻代表著非常重要的心理特質。這些情感激發了奮鬥的部分動力，而且這部分動力非常強大。許多努力不懈的人，心中都有個他所欽羨的成功人士，或是他幾乎不自覺地以嫉妒眼光密切關注的競爭對手。

這些情感對女性產生了毀滅性影響。一個人可能原本滿足於自己擁有的一切，直到發現身邊的某個人擁有更多，換句話說，世界上大多數的不滿和怨恨都源自嫉妒和羨慕。許多人或許是出於對公平正義的期望，而有這樣的情緒，然而女性主要是在小事上跟同伴比較，當她被超越，尤其是被親戚和閨蜜超越時，就會極度痛苦。

對於望子成龍、望女成鳳的家長而言，貧窮更是無邊困境。「我一定要讓孩子接受最好的教育、過最好的生活，不能讓他跟我們一樣窮一輩子。」一個拚命工作的母親，如果孩子很爭氣，學業成就傲人，那她就會感到欣慰，就算疲累也很滿足；但是，假如這個辛苦的母親不幸在自然樂透彩中抽到不知感恩或心智障礙的孩子，那就會發生悲劇性的崩潰。

在貧窮的家庭中，相較於妻子，丈夫更傾向以理性豁達的態度看待子女的處境。他願意盡力幫助孩子，但也更清楚意識到妻子被母愛所蒙蔽的事：孩子通常不會感激父母的付出，而是視為理所當然。丈夫的想法是：「讓他們自力更生，闖出一片天地，對他們才有好處。」母親通常不忍心讓孩子吃苦，父親則很少這樣想，即使有，也不會過度保護孩子。

或許在過去，社會階級更加固化，貧窮並未像現在帶來如此多的羞辱感和受挫的渴望。毫無疑問，各個社會階層的人都渴望奢華生活。教育、報紙、雜誌、電影、汽車、衣服一季就過時的快時尚，還有最重要的百貨公司和誘人廣告，這些事物正如何深刻地改變大眾心理，沒有人能夠估量。現代資本主義藉由培養窮人奢侈、揮霍的習慣來獲取巨額財富，諷刺的是，這樣的發展趨勢可能正是未來革命的基礎。

貧窮家庭的女性或許比男性更躁動不安。事實上，正是女性在決定消費模式的走向，因為分配家庭支出的任務落在女性身上，這一事實是引發家庭爭吵的重要因素。作為家中的採購者，貧窮女性看到了許多上一代女性未曾看過的漂亮玩意，因為以前的年代沒有百貨公司；而今日，她被喚醒的慾望卻無法得到滿足，眼巴巴看著其他女性買走自己只能渴望的東西，於是對自己的處境更加強烈不滿。

她的心態並不理性，且不符合女性應有的表現，應受到嚴厲譴責——這是神職人員、改革者和媒體一再提出的批評，而且成效卓越（？），以至於我作為一名普通醫師必須冒昧地說，那只不過是當今社會廣泛宣傳奢侈品的自然後果。**美國最具商業頭腦的成功人士都在密謀對付貧窮的家庭主婦，試圖激發她們的慾望，使她們對自己的現狀不滿**；那些商人日夜不停工作，侵入她們生活的每個角落，而他們確實成功了。至於大力抨擊奢侈風氣的神職人員等，卻對百貨公司主管和廣告經理沒有半句批評。

CHAPTER 07

床頭吵
不一定能床尾和

家庭主婦與她的丈夫
The Housewife And Her Husband

丈夫和妻子的根本差異在於：本質上，丈夫不會像妻子那樣成為負責家務的人。對男人而言，家是他安置家人和夜晚休息的地方；他也在這裡度過閒暇時光，時間長短取決於他顧家的程度。男人會以家為主題，創作歌曲和書籍，而女人則是生活在家裡——這或許解釋了為何女人很少寫下關於家的感性詩句。

人們對婚姻抱持著不同看法。多數人認為「婚姻是受宗教認可的聖事，除了死亡，任何事物都無法解除婚姻關係」。然而，世界上幾乎所有政府的態度則是「婚姻是受法律約束、在特定條件下簽訂的契約，只能透過法律解除」，這一觀點正迅速成為主流，雖然受到宗教界反對，但僅憑宗教認可的婚姻並不具法律效力，而且自稱是天主教徒的人之中，離婚率上升也是不爭的事實。

在十九世紀，社會更加強調並普遍接受婚姻的契約性質，使得宗教聖事觀點和世俗觀點產生衝突，這場衝突跟所有其他社會衝突一樣，成為當代許多人內心生活的一部分，影響著男男女女對家庭、婚姻和伴侶的態度。

當我們說某事是「時代精神」的一部分，意思是，它起源於社會領袖重新思考或調整某個舊觀念，隨後這些新想法和概念在大眾中傳播開來，成為人們思想的一部分，以及行動的動力和能量的來源。

因此，宗教和情感宣揚了婚姻的神聖性、永恆性和不可解除性；而法律則聲稱婚姻是一種民事關係，可以由法律本身建立或解除，畢竟經驗告訴我們，如果婚姻是神聖的，那麼這種神聖性也包括了愚蠢、輕率、暴力和犯罪。因此，婚姻關係已成為當代衝突的根源，兩派擁護者都大聲疾呼自己的觀點，引用書籍、電影、媒體、戲劇作品和日常經驗來支持自己的立場。婚姻衝突的戰場不僅存在於社會層面，也深植於每個人的內心，牽動著我們的情緒。

這種分歧觀點尤其影響了女性的態度，並成為家庭主婦神經官能症的成因之一。

畢竟，女人嫁的不是制度，而是與她共同生活、分享日常點點滴滴的人，在自然情況下，她會生下兩人的結晶，成為他孩子的母親。至於偶爾發生的非典型婚姻則可以忽略不計，例如分居、沒有孩子、出於明顯目的才偶爾見面的夫妻，因為那在生物學上屬於不孕婚姻，不僅缺乏婚姻應有的美德和價值，也沒有遇到婚姻的困難。

夫妻之間親密的個體關係締造了圓滿成功的婚姻，這是人生中最幸福的體驗。認真地說，這樣的婚姻是生命之花，滿足了生理和人性需求，使身心都獲得平靜和滿足。這種理想狀態是大多數愛情故事、小說、戲劇和所有年輕人白日夢中期望的「快樂結局」，溫馨舒適、關係緊密的家庭生活裡充滿真摯的情感、永恆不變的愛與友誼，孩子們在壁爐旁玩耍，唯有死亡才會終結這一切！

然而，人幾乎無法達到理想的婚姻狀態，主要是因為理想本來就難以實現。有多少婚姻接近理想？經驗告訴我們，很少。這並非對婚姻的指責，因為我們應該用更實際和全面的角度來看待婚姻，而不是用理想標準加以評判。看看這世界，戰爭仍存，經濟衝突不斷，疾病和災難從未遠離，教育尚未全面普及，愚昧的想法主導著重大決策，而非理性思考和邏輯判斷——在這樣的情況下，又怎能奢望婚姻比它所處的現實生活更接近完美？我們只能期待婚姻帶來適度的安定和快樂。

基於本書的目的，接下來將探討：哪些問題阻礙了夫妻間的幸福，特別是引發了家庭主婦的神經官能症？

從家庭主婦神經官能症的角度出發，可以將相關問題歸納如下：

1. 源自性生活本身的問題。
2. 源自夫妻在意願、目標和觀念上的衝突。
3. 源自丈夫人格類型的問題。
4. 源自妻子人格類型的問題（已在第三章探討）。

在我們進一步討論各種相關因素之前，必須重申本書一再強調的觀點。女性地位提升勢必會給婚姻帶來挑戰。如果雙方都認為在家庭生活中應該以男人的意願為主，那麼夫妻之間便不會產生衝突。然而，若家庭型態未改變，但女人要求掌控或期待平等，那麼必然會產生衝突。如果女人預期男人可以隨意打她，如同過去常見、且某些地方仍然存在的現象，如果她認為這是理所當然的事，那麼只有極端嚴重的家暴才會被視為殘酷行為。反之，如果女人認為一記耳光、甚至一句粗話都是無法忍受的侮辱，那麼即使是日常爭吵也可能被視為野蠻行為。換句話說，對待傳統女性相對比較容易，她們預期自己處於劣勢地位，從不被允許去探索或表達個人喜好、意願、想法和目標；而跟現代女性相處則相對困難許多。

幸好，對「性話題」過於拘謹保守的年代正在消逝。淫穢的行為往往在隱蔽中發生，而隱晦暗示常常比直接表達更引人遐想。禁慾主義者的病態心理影響了全世界，由於對性的恐懼，他們選擇了錯誤的沉默，遮蔽了無數悲慘且破碎的生命。

性是婚姻的基礎。莎翁《皆大歡喜》中關於羅莎琳的著名對句[28]至今依然適用。性本能（更確切地說，是跟性慾有關的各種本能，包括對美的熱愛、崇拜、占有慾、征服慾等）的獨特之處在於，相較於其他本能，它更受制於法律和習俗的規範。法律規定，除非發生了性行為，否則無論牧師或政府官員怎麼說，婚姻都不算正式成立。婚後第一年或頭幾年的幸福主要來自情慾的連結，因為此時夫妻之間尚未建立真正的友伴關係。而另一方面，許多婚姻中的痛苦，尤其是女性的痛苦，也源於夫妻第一次同房。

造成第二種情況的原因是男女的無知，這樣的無知完全是由於過度拘謹的態度所致。在婚前，大多數女性仍保持貞潔，男性則不然，因此人們會預期男性擁有更多性方面的經驗和知識。然而，男性的經驗大多來自接觸特定類型的女性，這並沒有使他們具備跟妻子妥善相處的能力。此外，雖然大多數女性預先知道婚後會發生什麼事，但有些女性甚至連最基本的性知識都沒有，而即便是具備性知識的女性，也未必準備好面對現實。

男人經常自以為貴族老爺，擁有至高無上的「初夜權」。大多數男性在面對未經世事的妻子時，確實不知所措，並會溫柔對待對方；但也有些男性會以令人反感的方式追隨其占有慾。任何經驗豐富的神經科醫師都能舉出這樣的案例：女性在至關重要的初夜受到衝擊，而出現性冷感和神經衰弱。

有些原始部落將婚前準備列為基礎教育的一部分，我們不必完全效法他們的荒謬做法，但在婚禮上對新人耳語幾句蠢話顯然遠遠不夠，當今社會需要正式、專業且坦率的婚前啟蒙教育。

28 編注：此處原文「The famous couplet of Rosalind」，指莎士比亞的劇作《皆大歡喜》第三幕第二場中，宮廷小丑試金石（Touchstone）以女主角羅莎琳之名為韻腳所寫的一系列押韻對句，透過公鹿母鹿相伴、貓兒尋求同類等比喻，體現兩性相互吸引的主題，與後文性本能相呼應。

性慾如同其他人格特質，有很大的個別差異。人們通常認為女性的性慾比男性更具週期性，往往跟月經週期有關。許多女性直到婚後，有時甚至是生第一胎之後，才開始真正意識到並體驗到自己的性需求。當然，相較於不會誤解自己的慾望的男孩，女孩對性慾的體驗可能更模糊、更分散，也不會出現強烈的興奮感。我認為，考量到男孩和男人在性方面享有更大自由，可以說男性天生具有比女性更強烈的性衝動，這在生物學上是必要的，因為男性不僅負責求愛，還負責性行為中的主要活動。無性慾的女性仍可能發生性行為，但無性慾的男性則不行。

夫妻間的性慾差異或大或小，基於這一主題的敏感性，也許永遠無法得到相關統計數據，但可以說，實際差異比人們猜想的還要多，造成的困擾也比預期中多。當伴侶的性能力不足，就會產生一股微妙的不滿，這樣的不滿可能會慢慢侵蝕家庭幸福，並在無關的問題上引爆衝突。相反地，當缺乏性慾的一方被迫或誘導發生性行為，則會引起厭惡、神經質反應和明顯的疲憊感。

性生活美滿的女性經常會毫無理由地依戀不值得的伴侶。許多令人費解的婚姻，許多好女人對壞男人的莫名忠誠，往往源自於最意想不到的性依戀。外表端莊、舉止優雅、理想崇高，這些特質跟強烈性慾並不矛盾。我們沒有理由認為強烈且控制得當的激情不是一種美德，也沒有理由認為在遵守社會規範的前提下，性方面的愉悅是不純潔的。

後者尤為常見，荒誕的清教徒式觀念經常束縛著男女雙方。我認識幾對夫妻，他們希望一直保持節慾，直到想要孩子的那一刻。對他們來說，似乎只有在繁衍後代時，性行為才是「純潔」的。不用說，保持節慾的決心在親密的同居生活中瓦解了，但與此同時也引發了一場衝突，需要專業諮詢才得以化解。

「人在某種程度上不該享受性方面的愉悅」，這種純粹的西方觀點導致了進一步的差異。男性在愛情的身體層面有許多需要學習的地方，儘管在和諧的婚姻生活中，他們自然會獲得正確知識。大自然並沒有使男女雙方完全契合，男性有責任去促成兩性彼此適應或調整，這裡無需詳述細節，性心理學家哈維洛克·艾利斯（Havelock Ellis）的著作對此已有詳盡說明。當然，家庭主婦面臨的不少困擾正是由此而來，因為未滿足的性興奮會導致神經官能失調，這是普遍的定律。

美國式的家庭生活是否過於緊密、過於一成不變，是個值得思考的問題。對大多數人而言，新婚蜜月期一過，夫妻分房睡可能比共用一個房間更合適。有些人認為，夫妻共睡一床、同室而居象徵著兩人緊密結合、共享彼此生活，且伴侶睡在身旁可以帶來心靈上的滿足和安全感，讓人感到自己並不孤單。如果夫妻在性方面協調融洽，那麼同房睡就是值得推崇的做法，但如果性生活不協調，顯然分房睡更為合適。

近期趨勢顯示，越來越多人採取節育措施，這一趨勢正迅速降低社區出生率，使之低於延續種族所需的人口數。這裡不討論節育措施的道德問題。毫無疑問，現代女性將繼續主張生育應該出於自願，並認為非自願的母親身分不符合其作為人的尊嚴和地位。在這一點上，丈夫會因生活成本不斷增加以及理解妻子的感受，而支持她的決定。我敢保證，教會和國家將不得不調整態度，以因應社會觀念的變遷。

對懷孕的恐懼，導致許多女性在月經來潮前都要經歷一系列痛苦的症狀，直到月經出現才緩解。這樣的恐懼使性行為的風險幾乎超越了其帶來的愉悅。眾所周知，避孕措施並不完全安全，因此只能減少懷孕恐懼，而無法完全消除。

此外，根據「每種解決方案都會衍生新問題」的法則，避孕措施在引起神經官能症方面也起了一定的作用。避孕措施通常不能像自然性行為那樣帶來滿足感，另外，有些人無法克服對避孕措施的反感和厭惡，還有些人則因未獲滿足的性興奮而感到挫敗。許多女性和少數男性會出現血管舒縮障礙、神經衰弱症狀、強迫意念和歇斯底里現象。神經科醫師在檢查患有神經衰弱症狀的已婚男女時，經常會詢問他們使用的避孕措施。性興奮的釋放途徑自古以來就深植於人類本性中，而使用避孕措施卻阻斷了這一途徑，導致性需求未獲滿足，對許多人而言，足以使他們失去活力或能量。

在二十世紀的社會中，女性在與性相關的面向上呈現兩種趨勢。第一種是男性化趨勢，通常稱為女性主義，即女性傾向從事以往專屬於男性的工作，穿著也更趨於男性化，例如穿平底鞋、西裝以及打領帶。她們還開始模仿男人抽菸、喝酒等不良習慣，並建立屬於她們的俱樂部文化、住進單身公寓、彼此以姓氏相稱等等。

這一趨勢是否伴隨著更大的性自由？很難說。最有見地的觀察家認為，隨著女性進入工業領域，以及城市擴展、汽車普及，再加上女性獲得更多自由，言談舉止也較不受約束，現代女性對性的態度變得更為開放，不再像以前那麼保守，使得女性的道德標準越來越接近男性。

再來談到第二種趨勢，除了外表上的差異，其本質跟第一種趨勢並無太大不同。第二種趨勢特別強調女性特質和性感魅力，這是目前更普遍的現象，也可能更廣泛地蔓延於社會各個層面。比起上一世紀，女性的穿著更為大膽，也更著重性吸引力。現代女性濃妝豔抹的方式，在一代人之前只見於風塵女子，也讓人聯想到十八世紀的法國宮廷女士。此外，如果將今日的戲劇作品放在上一代人面前，恐怕只會被視為滑稽表演，因為女孩的歌舞秀占據了舞臺中心，傳統戲劇在美國幾乎銷聲匿跡。市面上還充斥著帶有性挑逗和性暗示的雜誌，它們的標題有時甚至比內容更具巧思。

類似的社會趨勢以前也曾經出現，但來了又去。以往的潮流是否同樣造成如此廣泛的影響，令人存疑。日常生活中的性刺激增加了，帶來的不安情緒也波及到家庭的基石——家庭主婦，她也渴望掙脫束縛，渴望生活更多元、更充滿活力，如同年輕的未婚女性一般。這些渴望使她對現況越來越不滿，也更加神經敏感。

現代人需要更坦率地審視婚姻中的性關係。我們不必推動劇烈變革，但男女都需要接受性教育。即使是過於拘謹保守的人也承認性的美好，這似乎正是他們深刻厭惡性的原因所在。過去大多數的建議和禁令似乎都出自性功能異常者之手，現在是改變的時候了，事實上，改變正在發生中。真正的危險在於走向極端，尤其是任由那些主張廢除所有約束、無視社會規範和責任的人來領導改革。雖然過度拘謹有其不利的一面，但毫無限制的性自由卻會帶來更嚴重的社會後果。

CHAPTER 08

是隊友，還是對手？

家庭主婦與她面臨的家庭衝突

The Housewife And Her Household Conflicts

生活中的問題並非全部和性有關，即便在男女關係中，也有比性更重要的事。畢竟，正如赫伯特・史賓賽（Herbert Spencer）在某個精彩章節所指出的，愛本身是由許多元素組成，有些是世俗之物，有些則是人生中最高尚的東西。女孩將抱負、理想和渴望寄託於某個男人，期待透過他來實現這些夢想；男人的俠骨柔情、保護和珍愛的慾望、對美麗女子的迷戀，也驅使他把某個女孩視為追求目標。鮮少有人不曾在青春年少的熱戀中，將激情昇華為靈魂的共鳴，鮮少有人不曾在至少某些狂喜的時刻，感受到與所有愛和生命融為一體。威廉・詹姆斯的動人描述，「縈繞在年輕女孩身上的無垠之美」，同樣存在於男女之愛中。

然而，全世界的憤世嫉俗者和箴言大師都同意：婚姻是愛情的墳墓。不僅在現代如此，甚至可以追溯到法國的宮廷愛情時代，當時瑪歌皇后（Margaret de Valois）認為情人勝過丈夫。詩人和小說家悲嘆，浪漫隨著婚姻消逝，女人在被占有和失去神祕感之後便頓失魅力。典型的幽默作家總是調侃妻子的髮捲和睡袍，以及丈夫的鼾聲和鬍渣。無數作家以「熟悉扼殺了激情」為題，悼念婚姻中消退的激情。

浪漫故事對平實而令人滿足的日常生活造成了多大危害，實在難以估量，也不可小覷。將「性」奉為人生唯一重要事物的浪漫主義者，以及對「性」總是一臉嫌惡、避而不談的衛道主義者，都該在但丁的《地獄篇》占有一席，因為兩者都脫離了現實，而現實是令人滿意且愉悅的，除非以過度性化的羅曼史作家灌輸的偏見，或假道學家扭曲的性觀念來檢視。

不過，兩個成長背景截然不同、對愛情和生活態度迥異的人，難免會產生激烈衝突，尤其是在充滿激情和期待的熱戀期過後，勢必會迎來幻滅。在最理想的婚姻狀態中，夫妻需要在每個平凡日常中找到安定，並調整心態，接受現實的平淡。然而，對於期望生活時時刻刻都充滿悸動和新鮮感的人來說，這一過程相當痛苦且令人失落。

我們對伴侶的理想化會慢慢消退，並逐漸意識到對方只是普通人，也有不完美的一面。但若能理智地設定共同目標，並以真誠、願意溝通協調的態度和幽默感相處，就能將熱戀期的愛火轉化為更穩固堅韌的情感。這樣的情感雖不如初識時熱烈，卻更持久，更經得起考驗。

不幸的是，在許多情況下，當兩個人在相對平等的條件下互動，總是或多或少會產生分歧。

在過去的時代，父權家庭盛行，而在當今許多國家也依然如此。父親在家中擁有最高的權力，其性格決定了他是嚴厲或仁慈的統治者。也許妻子會利用他的愛來操控他，正如女性從古至今的一貫做法，但即使她成功了，也是憑藉特權而非權力。

美國本土和國外的觀察家一致認為，美國已經改變了這一切。在美國，女性才是家裡的掌權者，她像拉著風箏線般拉著丈夫，她才是家裡的女主人，而丈夫雖然名義上仍是一家之主，實際上還是得順從她。所有幽默作家都如此強調，小說家更是將它描繪成常態，丈夫被形容為必須隨時迎合妻子的喜好和需求，雖然他是養家糊口的人，卻得聽命行事。

這絕對是極度誇張的說法，儘管為諷刺笑話提供了絕佳素材。事實上，男性仍主導著家庭生活，他的姓氏被全家沿用，他的工作維持著家庭生計，他的收入支付了生活開銷，他的就業狀況決定了全家的居住地點，他的社會地位也代表了全家的社會地位。雖然在許多情況下，男性可能被「妻管嚴」，但整體上，男性在家中的角色依然確保了他的優勢地位。

然而，無論何種背景出身的美國女性都有著前所未有的自主意志，這是不爭的事實。表達意志是人類獲得快樂的主要來源之一，也是最重要、最持久的活動之一，因此夫妻之間必然會爭奪家庭的主導地位，這場爭奪可能會在不知不覺中平靜解決，比如按照默契，妻子掌管家務，丈夫負責工作；但也可能因為家中的大小事而爆發激烈衝突。畢竟，引發爭端的並不是事件本身的重要性，人們甚至會為了幾塊錢而大打出手，即使在小事上也不能認輸。

衝突的主要來源是什麼？若要列出所有可能導致衝突的原因，就等於羅列一切可能引起意見分歧的因素。以下我們就簡單以「奢侈」為例。

這其實是近代才出現的情形。在早期，大部分的採買是由丈夫負責，他緊緊掌控著家裡的經濟大權。隨著城市和工業發展，百貨公司和購物風氣興起，男性無法在白天離開工廠的工作崗位，採買任務便轉移到妻子身上。因此，家庭主婦開始掌管大部分家庭資金，這也引發了最激烈、最持久的家庭衝突之一。

儘管大多數美國丈夫將錢包交給妻子，他們仍將這些錢視為自己的財產。「累積財富」是一種持續的慾望，每次花費之後都會更加強烈。丈夫發現自己每週或每月的收入全花光了，或剩餘的錢比預期的少，於是忍不住抱怨「錢都花去哪了？」「有必要花這麼多錢嗎？」「收入比我們低的人要怎麼過活？」

對此，妻子回答說：「我們需要這個，也需要那個，我們必須跟上鄰居的生活水準。」

這正是關鍵所在。社會經歷了某種民主化過程，亦即貴族品味已經在各個社會階層蔓延開來，即使是貧窮和中產階級的女性，也必須擁有春季和秋季套裝、夏季洋裝、夏季和冬季的帽子……等等，她丈夫的衣物也需要跟著換季。這要歸功於服飾業者的進取心以及百貨公司的華麗陳列，喚醒了人們的慾望和不滿。

雖然男人指責女人奢侈浪費，但他自己同樣有責任。男人花錢也毫不手軟，買雪茄、香菸和每一期的報紙，付錢讓人為他擦亮鞋子（他完全可以自己做），還有無數小開銷，這些小錢累積起來也是一筆大花費。美國人慷慨大方，不喜歡節儉，討厭被稱作「小氣鬼」，他會說，「噢，有什麼關係，反正一百年後都一樣」，但事後又暗地裡懊悔自責。

與此同時，他也為了妻子的揮霍而跟她爭吵不休。即使男人輸了這場爭執，他仍是贏家，因為他很少對失敗耿耿於懷。但這種情況卻給妻子帶來了壓力，使她內心矛盾，她既想取悅丈夫，又想「追上」鄰居和朋友。那麼，是誰在為她及她的社交圈樹立模範、制定花費標準？不是節儉持家、會自己修補衣服或做帽子的女人，而是闊氣的女人，也許是那個剛發了財、不在意金錢的富婆。妻子雖然明知這是不理智的，卻還是加入一場沒有終點的競賽，變得極度不滿，而她丈夫則對日益增加的帳單感到絕望。

她內心的這種矛盾跟所有內在分裂一樣，使她瀕臨崩潰，進而讓家務工作變得更加艱難，也讓她跟丈夫的關係更加惡劣。這消蝕了她的快樂，留下不滿和疑惑，種下神經官能症的惡果。

雖然大多數美國丈夫都相當慷慨，但仍有一些吝嗇到足以讓鄰居側目。他們的人生目標就是累積財富，這實際上也是大多數人的目標，但吝嗇的人是靠節省每一分錢來達成此目標，禁止自己和家人有任何非必要開支。

嫁給如此吝嗇的丈夫，女人會被他的態度徹底羞辱。男人竟然將一美元看得比她的願望更重要，這對敏感的女性而言無疑是種侮辱。隨後不是永無止盡的爭吵和疏遠，就是被擊垮的女人（因為吝嗇的人都很固執）帶著破碎的心靈接受自己的命運，悲傷且無力。也許還有第三種可能：女人接受了男人的生活理念，跟他一起加入節儉的行列。有了這樣的共識，生活仍能相對幸福地繼續。

當然，這並不是說所有或絕大多數美國女性都會因金錢問題而跟丈夫起衝突，但我想起好幾個患者，如果這個沒完沒了的問題能解決，她／他們會非常高興。這種爭執讓雙方都「心煩意亂」，脫口說出會讓自己後悔的話，並因疲憊而表現出不耐煩。

關於金錢和開銷的爭執在三十多歲到四十歲初期會變得更嚴重，因為此時男性會驚覺自己正步入中年，身邊朋友一一受疾病和死亡侵蝕，而他自己依然庸碌無為。這種挫敗感使他更加惱火，甚至沮喪地發現自己跟妻子有著截然不同的金錢觀。

妻子說：「如果你愛我，就應該多站在我的立場想一想。」

他則回答：「如果你愛我，就不會讓我如此煩惱。」

一九二〇年的美國，高昂的生活成本造成民眾的龐大壓力。資方和勞方互相對立，人們指責那些利用世界危機牟取暴利的人為「奸商」，他們雖然運氣好卻缺乏良心。大崩盤的流言四起，劇院仍座無虛席，汽車製造商被訂單追著跑，百貨商場也肆無忌憚地展示著極其華麗奢侈的禮服。關於生活成本高昂的討論中，我從未看到有人提出它正威脅美國的婚姻幸福，然而這也許是最嚴重的後果之一。

開銷問題不是家庭主婦唯一的財務困擾，還有一個更隱微、但稍作探究便可發現的問題。

不論是實際或相對處於貧窮狀態的女性，總會認識幾個後來致富的男性，或丈夫事業有成的女性朋友。很多女性可能會因此對婚姻隱隱有股遺憾，也在無意間透露出對丈夫的失望。當丈夫覺察到妻子的輕蔑，他脆弱的自尊便受到傷害。我見過的一個最嚴重的家庭主婦神經衰弱症案例，就發生在這樣的女性身上，她在忠誠和蔑視之間掙扎，直至精疲力竭。她出身於顯赫的家庭，卻不顧勸阻而嫁給了丈夫，雖然丈夫人品端正，經濟狀況卻不甚理想。她用成就來衡量男人的價值，難以接受自己的社會地位下降，但又礙於面子不願承認自己當初做了錯誤選擇，情感上的衝突讓她徹底失去活力。

不論處在這種困境的家庭主婦是否值得同情，可以肯定的是，她對身邊的每個人都造成了一定的困擾。

雖然金錢和開銷問題是導致神經緊繃的重要源頭，但還有其他同樣重要的因素。

夫妻間在子女的照顧和教養上經常因意見不合而起衝突，舉例來說，男性和女性對於男孩的惡作劇往往有不同的反應，這種分歧會嚴重破壞家庭和諧。美國的丈夫通常認為妻子對兒子的舉止和過失太嚴格，他內心其實很高興看到兒子長成了粗野調皮、精力旺盛的「真正」男孩。然而，有時則是妻子擔心嚴厲的丈夫會給孩子造成太大壓力。如果夫妻直接爆發口角，通常不會引發明顯的神經官能症狀。但如果妻子因害怕跟丈夫對立，而只能壓抑自己的煩惱和痛苦，默默看著孩子被管教，她的能量就會下降（如先前反覆描述的過程）。

對女性而言，或許除了明顯的不忠，最難以忍受的是丈夫婚後不再如婚前那樣體貼和浪漫。女性多少可以料想到這樣的變化，且通常會理解這是因為丈夫要扛起家庭責任，努力維持家計或讓家人過更好的生活，還得一起照顧孩子。然而，正如第三章所述，高度敏感型的家庭主婦，則可能因為丈夫的小疏失而否定他對家庭的奉獻。

女性往往認為伴侶的一時疏忽或無心之過很嚴重，足以抵銷掉對方的長期付出。這是因為女性特別注重禮儀和形式，而男性在這方面則相對較遲鈍。

除了女性性格的這一部分，有些男性在婚後會迅速或逐漸恢復單身時的自由，而忽略了妻子。雖然他們在婚後初期可能會放棄一些「自由」，盡力扮演好配偶和伴侶的角色，但遲早又會回到跟男性朋友一起找樂子的生活，上俱樂部、集會所、酒吧、撞球館。當夜幕降臨，他們就開始坐立不安。起初，他們會用各種藉口外出，後來便堂而皇之地擺脫家庭束縛，只有偶爾在家人抗議下，才會待在家裡或陪妻子上教堂、拜訪親友或看戲。

（值得一提的是，美國的婚姻生活常常過於強調男性的家庭化，即丈夫必須完全隔絕男性朋友，以及跟妻子形影不離。這對男性來說是不健康的，因為他在休閒時需要感受到無拘無束的自由，這種自由只有跟男性朋友相處才能體驗到，因為他可以拋開紳士風度，以更平等、坦率的方式表達自己，這種相處模式即使在妻子身旁也難以實現。）

被丈夫拋在家中的孤單家庭主婦，儘管受了傷，仍有可能自我調適。她可以在教會或社區建立自己的社交圈，或選擇離開丈夫、結束這段婚姻，也可能基於「以牙還牙」的原則報復丈夫的不忠，或是更全心全意地照顧家庭和孩子，努力在逆境中建立平靜的生活。

可惜的是，她往往不設法讓自己過得更好，反而因為自尊受損，只想努力挽回丈夫的心。眼淚和責備都不起作用，而生病有時倒能引起丈夫的注意和關心。如果她沒有孩子，就會執著地認為有了孩子就可以把丈夫留在家裡；如果她的容貌逐漸失去光彩，就會徒勞地化妝或上美容院，試圖吸引冷漠的丈夫。由於缺乏勇氣和決心去改變或打破現狀，她陷入自卑感中，進而衍生頭痛、解離感、喪失動力、身心鬱悶。

這類女性依賴丈夫的愛和關懷來維持自己的身心健康和活力，正是（至少在過去）女性接受的教育和訓練所致。她從未被教導如何獨立自主，也缺乏這方面的能力，如果男人是橡樹，她就是依附其上的藤蔓，典型的傳統女性。假如她遇到合適的伴侶，日子就有可能幸福安康；但如果不幸嫁給風流成性的人，那真的只能求老天保佑了！因為她被教導把一句有害的格言奉為真理：

> 愛情只是男人生活中的一部分，
> 卻是女人整個生命的全部。[29]

我們需要為女性提供更勇敢、更堅定的立場，使她們不那麼容易遭受失敗和災難。無論男人或女人，都不該把愛情視為生命的全部。愛情只是一個基本目標，應該跟其他基本目標相互交織，共同構成更豐富的生活。

29 譯注：出自英國詩人拜倫（Lord Byron）之著作《唐璜》（*Don Juan*）。

幸運的是，導致美國家庭問題的一項重要因素——酗酒，即將成為過去式。[30]政客和空談家或許會抱怨這侵犯了個人自由，甚至諷刺地預言咖啡和菸草很快也會被立法禁止。這些人應該去讀一讀吉爾伯特・切斯特頓（Gilbert Chesterton）的作品，才會明白「樹終究不會長到天上」[31]。正如我所見，急診和市立醫院中，因酗酒引起的震顫性譫妄患者已經幾乎完全消失，而以往每個星期天早晨至少會有十幾二十個發酒瘋的男人。酒精中毒性精神病也從我們的精神療養院中消失，而過去這樣的病例占男性入院人數的十五％。此外，兒童虐待事件減少到以前的十分之一；曾經的酒鬼如今已穩定就業，不僅讓妻子感到欣慰，也救贖了他們自己的靈魂——這令人對影視新聞喋喋不休地抱怨「生活樂趣已逝」之類的話題感到極度不耐煩。雖然酒癮並非所有貧窮的根源，但會麻痺心智，導致許多原本可以避免的貧困；雖然酒癮也不是所有道德淪喪的成因，但幾杯酒往往就能讓正直的好男人踏進妓院；而且，許多賣淫的女子之所以能忍受她們的生活，很大程度上也是因為酒精的麻痺作用。

沒有人比貧困家庭的主婦更深知酒精的危害。當然，有些女人從小就被灌輸男人酒醉是常態，她們自己也經常跟男人一起喝酒，雖然她們整個生活都因酒精而毀，但並沒有遭受嚴重的精神痛苦。然而，對於嫁給帥氣年輕男子的優雅女性而言，當她的丈夫某天醉醺醺地回家，言行變得愚蠢粗鄙，醉到無法打理自己，酒精便奪走了她原本甜蜜快樂的生活。她試著自我調適，可是徒勞無功，最終導致長期處在神經緊繃狀態，身心都受傷且隱隱作痛。

未來的世代將難以相信，在一個見證了無線電、飛艇、鐳和X光誕生的世紀，人們竟然覺得酒精中毒很有趣，還把它當成典型的幽默素材，並認為導致酒精中毒的成癮物質是必需品。

實際上，家庭中最激烈的衝突源於男女固有的幼稚天性。為了個人自尊而不願承認自己的錯誤、過度自我中心、專橫／反抗專橫、小心眼、固執己見——這些都是失和的根本原因。孩子會為小事爭吵、毫無理由地嫉妒，也會爭奪領導地

30 編注：此處指美國於一九一九年通過、於一九二〇年生效的美國憲法第十八修正案，在全國範圍內禁止釀造、運輸與銷售酒精飲料，即俗稱的「禁酒令」。

31 編注：切斯特頓是英國知名作家、神學家，其作品中經常運用到樹的意象。

位，總想顯示自己比同伴優越。只要觀察兩個五歲大的孩子一小時，就會看到多次衝突。許多夫妻也是如此。

無理取鬧、小氣嫉妒、執著於雞毛蒜皮的小事、專橫（而非領導力）、暴躁易怒、動不動就掉眼淚——這些比起酒精和不忠加起來更容易引發家庭紛爭。顯然，美國女性接受的教育並不傾向消除這些不必然屬於女性特質的缺點。在家庭紛爭中，男人通常有更嚴重的缺點，而女人則有一堆小毛病。女性要求自己的價值被同樣看重，同時又要求別人包容她們的缺點。

許多女性因為經常處理瑣碎的煩惱、為芝麻綠豆的小事爭吵，心思完全被夢想破滅後的失落和委屈占據，最後發現這些不愉快的事讓自己的「神經」不堪重負。不過，有種生活哲學顯然可以拯救她們，留待後續章節再進一步討論。

CHAPTER 09

弱者也有
弱者的戰鬥法

症狀作為對抗丈夫的武器

The Symptoms As Weapons Against The Husband

縱貫一生，人類的複雜動機和行為背後主要有兩大驅力，一個是「權力意志」，另一個則是「合作意志」。權力意志包括以下慾望：征服環境、領導同伴、累積財富（權力）、寫出偉大作品（影響力或權力）、成為宗教領袖（權力）、在任何領域取得成就。從在草地上玩耍的兒童，到決定世界命運的白髮政治家，每個群體中都存在權力意志的鬥爭。在兒童群體中，權力的爭奪表現為誰當「警察」或「老師」等在我們看來微不足道的形式；在政治家中，則表現為哪條河應該成為邊界、哪群資本家應剝削某個落後國家等「舉足輕重」的形式。權力意志涵蓋所有膨脹自我的傾向，包括渴望讚賞、驕傲、不願承認錯誤、對美的渴望、占有慾、殘酷，甚至是慈善——在許多情況下，這是好人對於掌控他人命運的權力慾望。

跟「權力意志」並行的，正是所謂的「合作意志」，這兩組本能和目的會相互作用，相互影響，彼此交織。「合作意志」即社會意識，包含：對善意的需求、幫助他人的渴望、同情、愛、友情、自我犧牲、公平競爭的意識、所有本質上屬於母性或父性的衝動，以及為他人利益奉獻。合作意志遍布於各個規模和年齡層的群體中，是維繫社會生活不可或缺的黏合劑。

有些人認為，權力意志的**利己主義**和合作意志的**利他主義**並無差別。他們聲稱，如果擴大利己主義的範圍，使自我包含他人，那麼就會成為利他主義，因此利他主義只不過是自我範圍擴大的利己主義。雖然在邏輯上也許正確，但從實際目的來看，仍可將這兩種基本驅力區分開來。

每個人從出生到死亡，內心都持續上演著權力意志和合作意志之間的搏鬥。道德教育旨在調控和壓制權力意志，而成就教育則是為了幫助個人找到實現目標的方法。無論我們如何欺騙自己，宣稱自己的目標是知識、科學、博愛、創新、公共管理或財富，真正的動機依然是追求權力。

如果沒有合作意志，權力意志就會變成專制、嚴厲、殘酷和獨裁，這樣的性格會受人憎恨；而少了權力意志，空有合作意志是徒勞無益的，這種人會迷失在充滿競爭的世界，被別人拋在一旁，因此兩者必須相互調和。我們經常可以在生活中觀察到一個奇怪現象，但其實不難理解。有些人非常冷酷無情，一心追求成功和權力，然而達到目標後，往往會轉向受挫的合作意志，尋求真正的滿足，成為慈善家、世界恩人等等。另一方面，有些人一開始擁有強烈的合作意志，懷抱著利他主義和服務理念，卻往往失去熱情，半不情願地漸漸轉向權力意志。在人生的各個階段，經常可見利己主義者變成了慈善家，而利他主義者、理想主義者失去信念，變成了利己主義者。

這跟神經緊繃的家庭主婦有何關聯？簡單說，就是追求權力和達成目標的方式有很多種。

第一種方法就是直接使用力量。強者不屑於委婉勸說，而是直接掃除所有阻礙，其座右銘是「強者為王」，並用拳頭、刀劍、雷霆般的怒吼或眼神來擊敗對手。使用這種方法的人很少受制於規範，他們遵循直接攻擊的原始本能。

第二種方法是使用策略，即隱藏目的和手段，重點在於轉移對手注意力，然後趁機奪走目標。使用策略的人會說「現實占有，敗一勝九」[32]。就策略而言，直線並非捷徑。他們也會跟對手交換，用看似有價值的東西換取真正有價值之物，並引用「公平交易不算搶劫」、「一個願打，一個願挨」之類的諺語來合理化自己的行為。

第三種方法是說服，即跟對手建立關係，激發他的友好態度，使他願意溝通討論，並形成一致的利益或目標。關鍵在於妥協，並以「合作」為口號。這樣的人會說：「爭鬥是愚蠢的，交戰的雙方都蒙受損失，誰會得益？」

第四種是弱者的方法，透過示弱、喚起同情、展示悲傷，以及引發對手的不愉快情緒來達到目的，前提是對手並非不共戴天的死敵。自古以來，女性一直使用這種方法作為武器，淚水和啜泣就是她的劍和槍。由於男性有更強壯的體魄與根深蒂固的社會和法律地位，女性無法與男性平等競爭，她便利用自己的美貌和魅力，以及男人的愛來取得優勢，如果這些都無法奏效，她便訴諸悲傷和痛苦，以此折磨男人，使他屈服或讓步。孩子也經常使用這種手段，為了得到某樣東西而哭鬧，面對懲罰等不愉快的事就會出現某些症狀。在孩子的幻想中，經常以死亡來懲罰殘忍的父母。

透過示弱來喚起強者的良知，可以理解為「藉由脆弱實現權力意志」。女人

32 譯注：即占有者在訴訟中經常占上風，占有就是擁有。

早就知道，男人在面對女人的眼淚時通常都不知所措，尤其當他清楚意識到是自己的行為讓她潰堤。在某些家庭主婦的情況中，眼淚和症狀之間有某種相似性，顯示至少在這些情況下，神經官能症狀在婚姻衝突中替代了眼淚。

這不見得是有意識的刻意行為，也不是直接導致症狀的成因，相反地，這是利用症狀來達到目的。

當然，若是基於某種疾病或長時間繁重的家務勞動而引起的症狀，不能得出上述結論。但是大家都知道，那些在家庭爭執中失利或意願受挫後立即生病的女人，她們的頭痛、虛弱、食慾不振或情緒低落等症狀會一直持續，直到被激怒卻又無可奈何的丈夫讓步為止，然後她們的病情幾乎立刻恢復。

在一些嚴重的女性神經衰弱案例中，可以觀察到類似的機制。她們的症狀發作跟家庭紛爭有明確的關聯，雖然不會立即康復，但只要情況朝有利於她們的方向調整，病情很快就會好轉。

我不認為上述觀點是原創發現，雖然醫學界的學者並沒有在教科書中闡述這一點，但每位經驗豐富的執業醫師都知道這種情形確實存在。報紙上的幽默作家和諷刺作家每天都在使用這項題材，他們最喜歡講的笑話是，蠻橫的丈夫因為妻子身體不適而被迫屈服，但是當他買到她想要的帽子或裙子，或安排了佛羅里達之旅……等等，她就立刻復元了。

這樣的行為讓女性顏面掃地嗎？利用症狀的女性很不光彩嗎？當面對更強大的力量，男性也會這麼做。在日常生活不斷上演的意志較量中，弱者必須使用不同武器對抗強者。毫無疑問，將來女性所受的教育以及跟男性的關係，都會不同於現代，她們至少在很大程度上會放棄弱者的武器。只要女人與男人在平等的基礎上共事，她們就不會要求特權或訴諸眼淚，而是跟男人一樣參與遊戲，成為「公平的競爭者」。但是在一方比較強勢的婚姻關係中，某些類型的女性就會利用她的眼淚、痛苦、情緒和衰弱來達成自己的目的。

CHAPTER 10

生活方式與個人特質帶來的問題

幾個嚴重案例

Histories Of Some Severe Cases

本章將介紹幾個家庭主婦中的嚴重神經官能症案例。所有前往神經科門診求助的人之中，有一百人會將自己的症狀歸咎為「胃病」、「背痛」等毛病，這些人還是可以勉強過日子，並認為這些疼痛和不適是身為女人不可避免的一部分。

各位在閱讀下列案例時，或許會感到有些悲觀。當然，我也可以輕易挑選出一系列完全康復的案例，以此呈現樂觀的趨勢，但這樣做有個小缺點，就是不符合實際情況。雖然大多數遭受神經官能症之苦的女性最終會緩解或治癒，但依然有一部分女性無法獲得實質的改善，其中一些人的性格完全不適合婚姻，另一些人的丈夫屬於頑固不化的類型，還有一些人的生活狀況需要改變，而這樣的變革必須從整個社會結構著手。因此對這類難治型案例，醫師所能做的，就只是減輕她們的症狀和痛苦，並學習接受。

基本上，我在描述這些案例時，既不偏向悲觀也不偏向樂觀，我也盡量不帶偏見地呈現男人或女人的情況。在生活中，最好採取切實的態度，因為如果我們可以去除目前如此普遍的感情用事和自我欺騙，重大改革就有可能在一夜之間發生。「感性」只會粉飾和遮掩各種可怕事物，讓人對邪惡心生好感。只要剝除那層偽裝，邪惡將無所遁形並會被迅速摧毀。

要向非專業人士介紹「案例」總有個風險：許多人會因為受暗示而覺得或相信自己有類似症狀。只要稍加觀察公共衛生講座和書籍對大眾的影響，就可以體會到人們有多容易受暗示。許多人往往會出現他們聽說過的所有症狀，從疼痛不適到精神崩潰都有可能發生。甚至在醫學院也是如此，每年都有醫學生向教授求助，他們深信自己患有教授所描述的疾病。[33]

因此，下列案例的呈現將省略症狀細節，主要展示病史和部分治療過程，也只會簡要提及純粹醫學的專業治療手段。

在詢問女性患者的私密病史時，經常會遇到一個難題，即女性往往不願意講述那些對她來說既痛苦又不重要的細節。某些人很難想像恐懼、疼痛、不適、失眠等困擾可能源自單調的家務、性格特質或跟丈夫的衝突等問題。此外，即使有些女性很清楚困擾自己的根源所在，卻羞於啟齒，只描述表面症狀。因此，通常

33 譯注：即醫學生症候群（medical student syndrome）。

需要跟患者多次會談以建立關係，才能獲得實情，這點尤其在醫師幫助患者緩解症狀後特別容易做到。換句話說，除非女性完全準備好談論她的私密困難，否則最好從醫學觀點慢慢轉向社會心理層面來處理其問題。

case 1 過度勞累且缺乏休息的家庭主婦

A. J.女士，三十歲，土生土長的道地美國人，出身貧困家庭，父親在麻州一個工業城鎮當技工。她有幾個兄弟姊妹，都已成年且大多數已婚。

她在婚前是百貨公司的銷售員，工作相當辛苦，但薪水微薄。儘管如此，她體格強健，性情開朗，喜歡跳舞等各種休閒活動，跟異性相處融洽，也有幾個同性好友。

她在二十二歲時嫁給一名二十四歲的技工，丈夫善良穩重，且對她非常專一，是個顧家的好男人。不幸的是，婚後第三年，丈夫得了肺炎，有段時間身體狀況都不太好。他們耗盡所有積蓄，還背負巨額債務，因此有好幾年必須借錢度日，日子過得很拮据，這件事深深影響了妻子後來的健康。

這對夫妻有三個孩子，分別在婚後第一年、第三年和第四年出生。第一胎時，A. J. 女士狀況非常好，哺乳過程很順利，小家庭過著和樂融融的生活。後來丈夫不幸生病，停工了六個月，這段期間只能靠工會補助金和存款度日，最後負債累累。丈夫因此非常難過，妻子也很沮喪，但兩人都咬牙撐了下來。直到第二胎出生，他們迫於經濟狀況而搬到更簡陋的公寓。A. J. 女士在診所醫師的接生下順利生產，醫師善盡職責，但因 A. J. 女士自稱狀況良好，便允許她早早起床照顧丈夫和嬰兒，然而她其實不應該那麼早起。

她在哺乳第二胎時不太順利，乳汁分泌不像頭胎那麼充足，嬰兒經常哭鬧，幾乎整夜都需要照料，丈夫也無法像以前一樣幫忙。照顧孩子和丈夫讓她疲憊不堪。儘管如此，她還是堅持下來，然而當夏日來臨，她就非常懷念和丈夫共度的短短兩週假期，那是他們自戀愛時期開始每年的固定行程。

丈夫後來康復了，但體力恢復得很慢。他儘快回到工作崗位，但有六個月只能做兼職，晚上回到家時已精疲力盡，根本幫不上妻子任何忙。

隔年，兩個孩子都生病了，先是得了猩紅熱，接著是百日咳。雖然這時丈夫已經能夠幫忙，也的確分擔了家務，但大部分照顧工作還是落在A. J.女士身上。各種必要開支讓他們散盡積蓄，到了夏天，誰都負擔不起度假的費用。

夫妻倆都注意到，A. J.女士變得比平常更易怒，也很少外出。她年輕時的美麗容貌已被焦慮的面容取代，整個人顯得很尖銳。她依然盡責地照顧著家庭，但經常需要休息，到了晚上即使疲憊不堪，卻輾轉難眠。

她又懷了第三胎，這讓她十分沮喪，丈夫也很懊惱。她有時會絕望地考慮墮胎，但只是想想而已。孕期最後幾個月正值酷暑，她感到很難受，幸好還是順利分娩。產後不到一週，她就起身照顧另外兩個孩子，並且把家裡整理得乾乾淨淨。儘管她很疲倦而且「神經兮兮」，她的奶水還算充足。不幸的是，就在他們累積了一點積蓄，有望為家人買更好的衣服、過更舒適的生活時，丈夫的工廠因為一些「高層財務」糾紛而暫停營運。這個消息嚇壞了她，她崩潰了，出現「歇斯底里」的情形，突然情緒爆發，雖然很快平息下來，但她開始失眠，沒有胃口，經常抱怨頭痛和極度疲乏。

儘管她被告知工廠很快就會復工（實際上確實如此），但她的症狀卻不見好轉。她顯然患有心因性神經症，接下來的問題是，該如何幫助她？

多虧了近代興起的「社會服務」機構提供的援助。昔日的慈善事業孕育出了其出色的後繼體系——社會服務，原本自覺慷慨仁慈的「大善人」搖身變成了社會工作者。遺憾的是，社會服務仍未放棄「慈善」的名號，也許主要是因為，提供資金的富人更喜歡把自己當成慈善家，而非對社會系統中的不幸者伸出援手的既得利益者。

請容我再多展開幾句關於社會服務和社會工作者的話題，儘管在我看來，用一整本書來盛讚會更加適宜。社會工作者既是收集事實的調查員，也是促成療癒的社會調節者，在醫療機構中扮演著不可或缺的角色。一家醫院若是沒有社會服務部門，等於承認自己落後且效率低下。

簡而言之，以下是為這個家庭所做的事：

首先，向這對夫妻強調他們並不是慈善機構的受助者，以消除他們對社會援助的偏見。接著安排A. J.女士和新生兒到鄉間休養六週，費用方面，丈夫可以立刻支付或協商其他支付方式。負責安置的社福機構找到了一對友善的老夫婦，他們不但接納了A. J.女士，還把她當成家人。另外，社工跟一家護理機構聯繫，每天派人到家裡幫丈夫打掃房子，而兩個較年長的孩子白天則待在幼兒園。總之，丈夫和孩子都得到妥善照顧，A. J.女士休養歸來後也煥然一新，迫不及待地重拾家務。

在這樣的案例中，醫師顯然主要扮演診斷和指導的角色，真正的治療在於讓一個自私、怠惰的社會系統去幫助其中的受害者。一個勤奮工作、對社會有益的男人，生病後卻被棄之不顧，這體現了社會的不公正和效率低下；一個女人在這種情況下必須獨自承擔所有壓力，這反映了社會愚蠢和殘酷的一面。

該如何避免這類問題？首先，應當去除救濟工作中的「慈善」名號，並建立一種制度，促使產業對其受害者負起應有的責任，妥善照顧他們。什麼樣的制度能實現這一目標？若建議將去年花費在奢侈品的一千五百億美元的部分金額轉用於社會福利，恐怕會被貼上社會主義的標籤，然而，如果汽車產量的驚人數字不是意味著社會財富從共享的社會資源轉變為只有少數人享有的奢侈品，將更令人欣慰。

case 2 生活富足卻缺乏目標的女性

這類女性顯然跟案例一的女性截然不同，通常被認為是最容易「神經緊繃」的女性。批評者會說：「如果她真的有事可做，就不會神經兮兮了。」

這對她來說基本上是正確的，但對先前所討論的大多數女性來說並非如此。「勤奮工作和憂慮」竟然跟「閒散和不滿」有相同結果，雖然令人難以置信，但事實上，兩者都會削弱身心的能量，因此是類似的禍源。窮人的問題在於貧窮，富人的問題在於富有。

A. De L. 女士來自中產階級家庭，父母過著入不敷出的生活，並教育唯一的女兒也仿效同樣的生活方式。這很詭異，明明痛苦地意識到自己的愚蠢，奢侈而掙扎的父母卻故意把子女推上相同的道路。A. De L. 女士從小就學到，生活的主要目標不外乎維持體面的形象和打發時間度日，而女人要成功，就必須嫁給有錢的丈夫，並保持美貌。她是個聰明漂亮的女孩，後來順利嫁給有錢人，然後陷入了富裕家庭主婦的神經質狀態中。

她丈夫雖然是白手起家的有錢人，想法卻很傳統。他們有兩個孩子，在現代的美國算是大家庭。雖然丈夫允許她雇用幫傭，但堅持要她管理家務。她起初不甘願地做了一段時間，後來很快就脫身，把家務交給管家去做。丈夫對此默默不滿，卻還是「隨她去」，他說「畢竟這是現代的趨勢」。

她開始追求享樂和刺激，漫無目的地周旋於各種娛樂活動之間，跟社交圈的成員形成複雜而微妙的競合關係。她追隨波士頓這座古老城市的每一個時尚潮流，從玄奧到情色都一一涉入其中。她成了出色的舞者，開著自己的車，熱衷於賽馬，參觀藝術展覽，報名各項講座和課程（但只參加第一場），涉獵新興宗教，積極參與社會工作一、兩個月，後來還成為職業橋牌選手。夏天時，她藉由追逐享樂以及跟時尚避暑勝地的男性常客調情來放鬆身心，冬天有段時間則在棕櫚灘度假，跟她最親密的對手爭奪社交圈的領導地位。

丈夫資助了她的一切冒險，雖然失望，卻只能無奈地聳聳肩。當她步入三十歲，她開始對自己和自己的生活極度不滿，並試著重新積極參與家務，卻發現自己格格不入，儘管孩子們非常開心，丈夫卻抱持懷疑態度。她依然渴望刺激和變化，漸漸出現強烈的厭倦感，對生活失去興趣和熱情，於是開始瘋狂尋求刺激，以消除痛苦的自責和不滿。不久之後，她變得無法入睡，並出現一系列症狀，這裡就不贅述了。

醫療處置的首要任務是幫助她恢復正常的睡眠狀態，無論失眠的原因為何，這都是非常重要的第一步。即使失眠的原因是某個念頭或令人困擾的情緒，失眠也可能變成習慣，因此需要積極處理。

改善失眠問題之後，就要關注她的社交環境和生活習慣。有人指出，所有的人生哲學都建立在簡單的生活和工作之上，從有文字記載開始直到現在，所有智者都表明了，無論付出多少努力，一味追求快樂都不會帶來真正的滿足或幸福。從 A. De L. 女士的案例可以看出，不停尋求刺激只會導致厭倦和冷漠，這正是使她失去活力的原因。

對世界的興趣是能量的重要來源，也是調節能量的主要方式。沒有玩伴而感到無聊的孩子，一看到毛茸茸的小狗就興高采烈；年邁但依然精力充沛的人，卻錯誤地選擇提前退休，這些例子都證明了興趣具有一定的功用。

A. De L. 女士被建議設定一個基本的、非以個人慾望為中心的目標，讓她能夠投入情感和智慧來服務他人。最後，她被直接告知，她的健康取決於這些步驟，從現在開始，任何身心崩潰都表明了她在理性和目標上的失敗。

我知道她的病情大為好轉，恢復了健康，但她是否繼續維持良好狀態，以及遵循了多少建議，就不得而知了。從遠古至今，「需求」一直是實現目標的主要驅動力，而社會競爭的誘惑也許又會將 A. De L. 女士拉回過去的生活。經驗雖然是最好的老師，但就跟所有教學一樣，都需要不斷重複，才能真正吸取教訓。

case 3

因生理疾病而出現神經官能症狀的女性

雖然在所有神經衰弱的家庭主婦中，這是最重要的類型，但它本質上屬於醫學範疇。因此這裡不會詳述任何案例，但有必要再次強調一些事實。

有些生理疾病的早期和主要症狀被歸類為「神經過敏」，例如年輕女性常見的甲狀腺功能亢進症（Hyperthyroidism），又稱為葛瑞夫茲氏病（Graves' Disease），在出現典型症狀前，患者會先經歷激動、易怒、情緒爆發、疲勞、不安、消化系統不適、血管舒縮障礙等症狀。

神經性梅毒（neurosyphilis）也會先出現神經官能症狀，這是梅毒侵犯神經系統所致。即使是身經百戰的醫師，也會對某些悲劇感到痛心，例如看到一名優雅的女性因丈夫而感染神經性梅毒，但丈夫仍安然無恙。神經性梅毒不僅在早期會出現神經衰弱症狀，而且對治療反應良好，因此早期診斷非常重要。

還有一種情形稱為反射性神經衰弱，是由較輕微的局部不適所引起，例如散光等眼部問題、鼻喉問題以及生殖器官問題。最後一項在討論家庭主婦的神經官能症時尤其重要，特別是生過孩子的女性。由便祕引起的痔瘡也經常會使女性容易煩躁，且當事人可能因為過於害羞而不願向醫師求助。如果女性因為害羞而延遲就醫（這經常發生在人們認為最不可能有此困擾的女性身上），最好建議她們去找值得信任的女醫師。每個大型社區都有優秀的女性內、外科醫師，因此女性沒有理由拒絕接受檢查。

我們已經提供了足夠的訊息來凸顯出，家庭主婦的神經官能症首先是醫學問題，然後才是社會心理層面的問題，這裡就不再進一步闡述。

case 4 因衛生習慣不佳而神經衰弱的病人

糟糕的衛生習慣不僅包括暴露於汙濁空氣、食用劣質食物、使用受汙染的水源等，還涵蓋不當的進食時間和習慣、忽視排便健康、缺乏戶外活動，以及睡眠不足，對已婚者來說，還包括過度的性生活。

個案是二十八歲的家庭主婦——T. F.女士，結婚五年，有兩個孩子，主訴為頭痛、偶爾頭暈、易怒及疲勞，以至於經常為一點小事跟丈夫爭吵。雖然家境不算富裕，但他們住在舒適的公寓裡，沒有太大的經濟負擔，孩子也都健康乖巧。進一步詢問得知，丈夫個性溫和，從不主動挑起爭端，但一被激怒就無法保持沉默。這對夫妻的感情還很不錯，基本上沒有嚴重的失和問題。

被問及日常作息時，T. F.女士表示，除了洗衣、熨燙和大掃除，她自己負責所有家務，還雇用一個年輕女孩，每週帶孩子出門三次。她婚前是一名速記員，但工資不高，她對工作也無太大熱情。事實上，她放棄這份工作時反而感到解脫，並覺得雖然家務有讓人不愉快的地方，但還是比職場更適合她。她原本性情溫和、待人親切，無法理解自己近來的變化。

由於既有訊息都無法解釋她的症狀，因此醫師進一步細問了生活習慣。她通常跟丈夫一同在七點半起床，準備好他的早餐後，會送最大的孩子去幼兒園，接著自己吃些吐司搭配咖啡。午餐她只吃一小塊肉或一顆雞蛋，還有少量的馬鈴薯和茶。晚餐她也吃得很少，通常是肉、馬鈴薯、一份蔬菜和甜點。丈夫補充說，她的晚餐份量甚至比四歲半的男孩還要少。

將她的飲食習慣和豐腴體態做比對，矛盾之處立即顯現。她帶著羞愧坦承，自己經常吃零食，大約半小時就會吃一些辛辣或甜的食物，還吃了很多糖果，結果導致正餐沒有食慾。她還有便祕問題，總是得依賴瀉劑來幫助排便。閒暇時，她總是「懶」得出門，除了晚上偶爾和丈夫一起外出，大部分空閒時間都躺在沙發上看書或吃零食。

上述生活型態就足以解釋她的許多困擾。我們已知身心不可分割，心智功能建立在身體功能之上，而情緒有時僅僅跟腸道狀態有關，而非更高層次的原因。不過，更深入詢問後，揭露了這對夫妻的性生活習慣，性情浪漫且彼此真心相愛的人很容易陷入這樣的行為。夫妻倆坦言原本不想提及性方面的私事，但隨著他們的揭露，可以看出這些性習慣非常重要。

徹底改善生活習慣無疑是解決問題的關鍵。這名年輕女士學到了詳細的飲食、腸道保健和戶外運動知識。由於她除了體型過重，身體狀態大致良好，因此有望迅速恢復健康。她還被告知，只要改善生活習慣，就可以恢復年輕時的姣好外貌，這是她改變的動力之一。

他們坦誠地討論了性生活問題，並同意實施必要的限制。夫妻倆都欣然接受醫師的建議，也鄭重承諾會遵循相關指示。

T. F.女士的症狀很快就好轉。在此案例中，病人的能量耗損完全是因為過於靜態的家庭主婦生活和缺乏性衛生知識所致。醫師藉由引導病人關注生活細節，化解了夫妻衝突和潛在的婚姻危機。這充分證明了，健康的身體不僅對健全的心智至關重要，也是維持穩固婚姻的基礎。

case 5 過度追求美感型／高度敏感型的女士

J. F.女士今年二十七歲，出身於美國一個中產階級家庭。她的父親粗獷而熱情，不拘小節，甚至非常厭惡社交禮儀之類的規範，雖然他在某些方面還是很傳統。母親是老派的家庭主婦，對家和家人都有深厚的感情，事實上，她對家的依戀也許超過了對家人的依戀。她不喜歡雇用僕人，除了偶爾請鐘點工，她都是自己親手打理家務，直到年老體衰無法再勝任。

姊姊和兩個兄弟都是父母的翻版：開朗、遲鈍、相貌平平。J. F. 女士作為妹妹，雖然不是家中最小的孩子，卻跟家人截然不同，彷彿是從另一個家族蹦出來似地。她身材纖細，樣貌出眾，而且頭腦靈活，經常迅速做出結論，因為繁瑣的分析會讓她疲憊。最重要的是，她一出生就非常敏感，這令家人很困惑。然而，由於她比多數同伴更聰明漂亮，加上在音樂、寫作、談吐和手工藝方面的才華，使她成為親友間熱衷討論的話題，因此家人都非常關心且寵愛她。

J. F. 女士的敏感源於兩大因素：第一，朋友的崇拜和她在團體中的領導地位所培養出的自我中心，使她將任何不愉快的事都視為侮辱。因慣於被讚美，任何含蓄或直接的批評都如刀割般令她受傷；習慣了被照顧，一丁點不舒適都令她憤恨。第二，她確實對影像、聲音、氣味、味道等感官刺激過於敏感，能察覺別人忽略的細節。這種敏感度使她在音樂和裝飾藝術上表現出色，但也讓她極度厭惡庸俗的事物。

基於J. F.女士的先天性格、後天訓練及經歷，她應該嫁給富有的藝術品收藏家，他會把她當成收藏品般珍藏，並像呵護最脆弱的珍寶一樣愛惜她。然而，大自然似乎總是在極端之間取得平均值，基於這奇怪的對立法則，J. F.女士愛上一名魁梧的男人，其對藝術的理解僅限於稱讚一幅畫「漂亮」，他熱愛運動和美食，工作上的座右銘是「超越對手」。作為成功的男人，他在待人處事和道德良知上鮮少糾結，用結合了傳統觀念和新美式縱容態度的方式看待婚姻關係。在他看來，妻子應該擁有所有她想要的衣服，有傭人幫忙打理家務，要生二或三個孩子，並且愛她慷慨的丈夫。至於真正的親密關係，他則一無所知。他待人和善，對自己很大方，也溺愛妻子和孩子，在商場上卻冷酷無情，可以說他是美國文化下自然誕生出的典型人物。

從新婚之夜開始，J. F.女士的世界就破滅了，我們不必深究細節，但這類女性在婚姻的初始階段比任何時候都更需要被細膩對待。野蠻人式的粗魯行徑觸怒了她每一根神經，丈夫則對她的反應錯愕不解。儘管他試圖彌補，但由於不理解妻子的感受和需求，他的努力反而讓問題變得更複雜。

隨著時間推移，最初的問題逐漸緩解，雖然她有所抗拒，但心中依然渴望親密關係。然而，她越來越無法忍受丈夫在小事上的品味和行為。雖然他的餐桌禮儀尚可，但津津有味的吃相卻讓她厭惡，甚至影響她的食慾。兩人一起看戲時，他竟然被粗俗笑話和煽情戲碼逗得樂不可支。他缺乏細膩的心思，無法領會生活中的「雅致」事物。隨著他在婚姻中漸趨安穩（他樂在其中，並將妻子的神經緊繃視為女性典型特質），他的身形越來越胖，這令她不悅和煩躁。

最後，J. F. 女士意識到自己不再愛他了。也許在第一個也是唯一的孩子出生之前，她並未意識到這點。她缺乏母性，對於懷孕造成的身材走樣感到憤恨不平。她說，醫師囑咐親餵母乳，周圍所有人也這樣期望，幾乎要把她「逼瘋」了，她覺得自己像頭「母牛」，一個「雌性生物」。事實上，她對婚姻強加給她的女性角色極度反感，並憎恨丈夫的男性本質。她對哺乳的強烈情緒導致乳汁分泌不足，最後，她所厭惡的家庭醫師下令斷奶，把孩子交給傭人照顧。

後來她回到自己的生活，決心承擔起家庭主婦的責任，看看是否能夠重新愛上自己的丈夫和家庭。然而，丈夫的一舉一動都讓她心煩，房子裡的每件事物也讓她覺得自己像是被關在「豪華的籠子」裡。但她絕不是女性主義者，也不欣賞「吵鬧的女權鬥士」，並認為女性從事醫師和律師職業是很荒謬的事，而且她從小就被教導婚姻是牢不可破的關係。

在持續的心理衝突下，她開始深感憂懼，害怕自己犯了不可挽救的錯誤；她不斷感到煩躁不安，強烈反抗自己的性別角色和生活處境，這一切最終促成了她的神經官能症，主要表現為突如其來的莫名恐懼和輕微眩暈。家庭醫師私下告訴我，這則案例「只是一個被大家寵壞的蠢女人」。

基本上，我們每個人都可能被別人視為「蠢蛋」。在我看來，J. F. 女士顯然天生不是當家庭主婦或妻子的料。她似乎無法融入婚姻生活，除非遇到跟她同類型的男性，不過我想任何男人都無法令她滿意。我懷疑她過於挑剔的品味是否會抗拒生命本身的動物性，因為即使生命的動物性本質跟人性一樣美好，某些人卻無法承認自己內在的動物本性。

總而言之，我建議這對夫妻暫時分居，時間至少六個月。我告訴 J. F. 女士，她對丈夫的反應有些異常，而且吹毛求疵。她回答她知道，但無法想像會有任何改變。我們詳細討論了這個問題，雖然她和丈夫都同意分居，但我知道丈夫不願意放棄婚姻，也期望她履行妻子的角色和責任。後來她的情況有所改善，但我認為她的性格不適合婚姻，至少不適合跟目前的丈夫相處，因此前景並不樂觀。

case 6 具有高度良知型／追求完美的家庭主婦

接下來要討論的女士來自新英格蘭血統的家庭，也就是受新英格蘭的氣候、飲食、宗教、歷史和傳統所薰陶，而形成的一支獨特的盎格魯—撒克遜族群。這支族群的人往往既傳統保守，有時又極為激進，他們有個普遍特質：無論如何都會建立起是非對錯的標準，並不遺餘力地堅持這些標準。不過，「具有高度良知」並非新英格蘭所獨有，我也遇過同樣堅持自己理想的猶太女性、義大利人、法國人、愛爾蘭人和黑人。

個案是三十五歲的F. B.女士，有三個孩子，被丈夫強行帶來就醫。丈夫聲稱自己和妻子都快要神經崩潰，如果不採取一些措施，自己可能會忍不住打她——這句話當然是帶著幽默的絕望，其中通常隱藏著願望。她已經精疲力盡，總是感到疲倦，還有失眠、胃口時好時壞、脾氣暴躁、愛抱怨等問題，卻堅持不看醫生。她已經吃了大量補品，被十幾位專家檢查過，所有人都說「沒什麼大問題，但她已經垮了，我也快不行了。」

她丈夫來自美國中西部，非常開朗，經營一家小生意，足以讓全家過得舒適。他看起來很顧家，這點他和妻子都同意。他在描述妻子的病史時，顯然又氣又擔心，妻子不時會插嘴說「喂，約翰，你太誇張了。醫生，別相信他，沒那麼糟糕」等等。

她身材苗條，但打扮比丈夫隨便，衣著款式也略顯過時。她的髮型不太適切，而且明顯可以看出她不屑使用任何化妝品，即使是用米粉製成的天然化妝品。她沒有做美甲，不過當然有雙乾淨整潔的手；頭戴最簡單的草帽，自己做了樸素的裝飾，但相較於同階層的大多數女性當時所戴的精緻帽飾，她的帽子簡直只是個「蓋子」。她完全不認同「衣服除了實用，還要具備裝飾意義」的觀點。

對她而言，生活就是無止盡的家務，從一天的開始到結束，她都忙於家事。雖然她有一名女傭，但並沒有讓她輕鬆多少，因為她經常為了女傭的懶散而焦躁惱火。她堅持家中各處都必須保持一塵不染，無法容忍任何混亂，如睡前、清晨、洗衣日、準備餐點、孩子們的房間……等等。她執著地追求整潔和秩序，對任何凌亂都反應激烈。她為了維持清潔而過度努力，結果讓丈夫和孩子也跟她一樣處於恐懼中，儘管他們為此反抗並向她抱怨。

丈夫說：「她總是盯著孩子，雖然很疼愛他們，但管太嚴了，害他們不敢有自己的主見，也很少帶朋友回家。他們知道，雖然媽媽希望他們快樂地玩耍，但會一直跟在後面收拾和打掃。」

她不僅對混亂感到焦躁不安，還努力改掉孩子的所有惡習，以及不禮貌和錯誤的行為。她把壞習慣看得跟道德敗壞一樣可怕，認為任何粗魯行為都可能養成習慣，必須及早糾正，而任何自私行為都可能是極度自我中心的開端，任何撒謊或偷竊都可能是犯罪生涯的起點。

這裡可以討論一下孩子在日常生活中進行試誤學習的必要性。孩子渴望嘗試各種事物，並且會形成短暫的小習慣，持續一天、一週或一個月，一段時間後便放棄；他們試著使用各種措辭和語句，玩味它們，然後又轉向新的實驗。他們總是求知若渴地探索新經驗，孜孜不倦地進行各種實驗，並從中學習。不是每件小事都會發展成大問題，孩子在成長過程中，不僅會形成習慣，也會因為某些習慣不再符合需求而放棄它，或用新習慣取而代之，這些變化都同樣重要。

因此，F. B.女士無法接受孩子的不完美，也不允許孩子有實驗和發展喜好的空間。然而，她對自己最為嚴苛，經常因為她的家永遠不夠完美、工作永遠做不完而批評自己。她從來沒有時間外出，完全成為了良知的奴隸，每當她閱讀書刊、小憩片刻或去看電影，就會遭受良心譴責。

她和丈夫一開始都沒有意識到，正是她對乾淨整潔和完美的理想導致她神經衰弱。如果她的「胃不舒服，不是應該吃點胃藥？如果神經有問題，醫生不就會開些神經補品或鎮定劑？」在社會上，尤其在小鎮居民之間，依然普遍盛行「藥能治百病」的觀念，這其實反映了人們潛在的魔法信念。

除了開給她病情所需的藥物，以及建議她如何調整工作和休閒的態度，我還委婉暗示，打扮得更時尚可能對她有益。因為衣著樸素的人在衣著體面的人面前往往會自卑，這種感覺極其不愉快。為了提升自尊，必須消除自卑感，而改變穿著風格是相對較簡單的方法。F. B.女士其實非常重視服裝，並欣賞美麗的衣物，但她很早就給自己灌輸了一種觀念，認為追求美貌是虛榮且有罪的。雖然她已經擺脫這種罪惡感，但心中仍殘留著「在意外表不是明智女性的作為」、「這是種奢侈浪費」等想法，導致她非常在意別人的看法，這也是她選擇待在家的潛在原因。

F. B.女士非常聰慧，她渴望康復，並且勇敢地努力改變自己的態度。後來她成功了，正如她所描述的，她學會「減少對家庭環境和物品的過度關注和要求，而更加關心身邊的人」。當然，我們不能期望她徹底改變，不再當個細心的家庭主婦，但她已經能夠讓自己過得舒適自在，並克服了過度嚴苛的良知。

CHAPTER 11

與另一半
磨合不良的問題

其他典型案例

Other Typical Cases

case 7

抱負心強、對丈夫的能力感到不滿的女士

在美國的傳統婚姻關係中，妻子負責經營家庭，丈夫負責賺錢。但是在法國、俄羅斯猶太人和美國的許多移民種族中，妻子則擔任合作夥伴，積極參與丈夫的商業事務。如果妻子明顯比丈夫能幹，甚至可以擔任領導角色。也許美國的婚姻模式在大多數情況下運作得不錯，但也有些優秀女性跟平庸男性結合後，最終因為丈夫不長進而絕望。正如俗話所說，這類女性應該自己「當家作主」。

D. J. 女士現年三十九歲，結婚十四年，育有兩個孩子。她在婚前一直都很健康。儘管她的原生家庭並不富裕，家人後來卻都小有成就，兄弟們在商界擔任要職且收入豐厚，一個姊姊嫁給法律界的成功人士，另一個姊姊任職百貨公司經理。

婚前，D. J. 女士在哥哥的公司工作，擁有不錯的收入。後來，她嫁給了一個繼承小企業的男人，結婚時她非常看好這門家業，但可惜的是，丈夫從未採納她的建議，總是不耐煩地聽完，然後堅持按自己的方式行事。由於丈夫過於保守，

他們在財務上一直停滯不前，雖然他們的生活水準相較於大多數人不算貧窮，但跟她的兄弟和姊夫相比，則顯得有些拮据。

除了不滿丈夫忽視她的建議（她的兄弟們卻支持她），她也逐漸對丈夫失去尊重，認為他注定失敗，這種輕蔑情緒悄悄滲入對他的態度之中。她試圖壓抑對丈夫的輕蔑，但這種情緒隨著時間越來越難以掩飾，並引發許多爭吵。如果她的手足成就不高，也許她就不會如此輕視丈夫，因為她開始嫉妒他們享受的優渥生活，也有點怨恨妯娌將她和丈夫視為窮人。當聽到身邊的人成功，能坦誠面對自己感受的人會意識到，嫉妒和羨慕雖然無濟於事，但其影響不容小覷。吹噓和炫耀之所以讓人如此反感，部分原因是這些行為常會在無意中激起別人的嫉妒和羨慕，引起不快。

隨著對丈夫失去尊重，她也開始厭惡跟丈夫發生性關係，這成為一個關鍵的複雜因素。她的厭惡感逐漸引發了歇斯底里症狀，最後她以拒絕履行妻子義務來保護自己。這激怒了丈夫，引起他的懷疑，他指責她不忠並監視她。兩人的分歧最後發展到分居的地步，之後她出現急性神經官能症，症狀為恐懼、不安、失眠和疲倦。

這名病患的反應分析起來相當困難，大部分是基於推測而非確定證據。她崩潰後，丈夫立刻重燃愛意，他的關懷和溫柔不僅喚醒了她昔日的情感，也讓她對於之前未能體諒丈夫事業不順而懊悔。在我幾次跟她會面時，看得出來她正努力解決自己的問題，一旦她理解自己，便不再需要任何人的幫助。在這個案例中，智慧是治癒的關鍵，無知或缺乏智慧的女性無法處理這樣的複雜反應。她逐漸運用理智來控制自己的行為和情緒，疾病使她萌生新的決心和目標。可以確信的是，儘管她永遠無法冷靜地旁觀丈夫的掙扎與困境，但她已經克服了過去總是批評和敵對的態度。

case 8 有婆媳問題的非家庭型女性

由於女性主義興起，加上工業吸引更多女性追求職業生涯，從而催生了非家庭型女性。女性一旦投入商業洪流，成為組織的一部分，並體驗到財務成功的滋味，即使她們有可能安定下來，機率仍然比過去幾代的女性還低。這類女性可能從未親自下廚，也從未修補過襪子或洗過碗盤，並一直保持經濟獨立，直到她愛上某個男人，決定為他放棄一切，然而即使在最理想的情況下，她仍會經歷懷疑和反抗的痛苦。

除了前述困難，A. O'L. 女士還面臨婆媳問題。她結婚時雙親都已過世，那時她擔任一名商人的私人祕書，由於聰明能幹又忠誠，因此得到不錯的待遇。她幾乎跟老闆一樣了解公司事務，整間公司的人都對她尊重有加。

二十六歲那年，她嫁給一個各方面都符合她標準和期望的男人，他是銀行初級職員，前途一片光明，而且體格健壯，生活習慣良好。她欣然辭去工作，搬進了他親手布置的家，準備當個賢妻良母。

不幸的是，家中已經有另一個女人，就是 O'L. 先生的母親。她心地善良，丈夫已經過世，與兒子同住多年，是個勤快能幹的家庭主婦，但生活圈和思想較為狹隘，缺乏遠大抱負，因此婆媳之間幾乎不可避免地產生了衝突。

或許我們有天會明白，為何婆媳在不同屋簷下相處更融洽，而公公則通常不會造成太大問題。這可能是因為母親對兒子的依戀裡存在著嫉妒，使她對另一名女性產生敵意；或者是因為女性對女性的批評比男性更尖銳。若母親認為她的兒子很優秀，她可能覺得任何女人都配不上他，而且如果兒子在選擇伴侶時沒有徵詢她的意見，就會心生怨恨。也許婆婆的女主人地位被取代，或她有這樣的擔心，是婆媳衝突的根本原因。總而言之，據說中國古老的象形文字將「兩個女人住在同一屋簷下」定義為「麻煩」[34]，這的確反映了許多婆媳同住的實際情形。

O'L. 老太太一開始便對這名年輕主婦展開了批評攻勢。由於 A. O'L. 女士完全缺乏家庭主婦的經驗，因此有很多地方被挑毛病，而她也對惡意批評感到不適，這阻礙了她的學習。此外，她並不願意接受婆婆的所有建議，因為她在書上讀到的一些觀點恰好與婆婆的看法完全相反。婆媳之間討論得非常激烈，A. O'L. 女士心中的反叛情緒逐漸加劇，加上她感到非常孤單，時常暗自懷念熱鬧忙碌的辦公室，以及那段備受禮遇和尊重的生活。夾在丈夫和兒子兩個角色中間的 O'L. 先生發現自己既無法討好妻子，又無法取悅母親，後來只好請妻子順從，因為他知道母親不可能讓步。妻子雖然同意了，但這嚴重傷害了她的自尊，使她覺得自己被貶低，因此非常沮喪。她形容這個家「就像一座監獄，獄卒是個脾氣暴躁的老太婆」。

「對私人空間的需求」也是引發家庭失和的重要因素。新婚期間需要隱私，因為這一時期通常伴隨著強烈的情感需求。外人不應目睹夫妻間的擁抱和接吻，也不應在場干擾他們的親密對話和情感表達。有時，老年人會對所有親密行為反感，認為那很低俗，即使它實際上是生活的抒情詩篇。本案例也是如此，婆婆成了多餘的第三者，而且還是愛挑剔、心懷不滿的第三者。漸漸地，A. O'L. 女士發現自己開始厭惡親密行為，覺得自己在壓抑情感，而且隱約有種被偷窺的感覺。

那個原本強健、充滿活力的年輕女人迅速崩潰。人的體力和能量也許完全來自整合的精神狀態，反之，分裂的精神狀態會大幅降低身體的耐力。她開始不履行婚姻的責任和義務，抗拒做家事，卻仍深愛著丈夫。她深受矛盾想法和情緒所苦，陷入負面思緒和情緒迴圈中，無法擺脫消沉的念頭，而沮喪的情緒進一步消

34 譯注：這句話應為誤傳，似乎沒有這樣的象形字。不過漢字裡有「奻」一字，讀音為「ㄋㄢˊ」，爭執之意。

耗了她的能量。她最明顯的症狀是頭痛、失眠等，因此尋求了神經科醫師的幫助。

要解決這種情況需要所羅門王般的智慧。如果不是因為我提到「婆媳關係是主要問題」這話傳到了那位老太太的耳裡，問題可能依舊無解。富有良心且善良的 O'L. 老太太隨後宣布，她將搬去與已婚的女兒同住，女兒的家庭已經井然有序，而且女婿深受她喜愛。儘管幽默作家經常拿丈母娘來開玩笑，但實際上，母親對女婿的態度通常比對媳婦更友好。

婆婆的決定解決了 A. O'L. 女士的部分困擾，但她仍需適應家庭生活。這個過程十分艱難，雖然有所進展，但不孕問題卻使整個適應過程更為緩慢。夫妻倆同意，在還沒有孩子的情況下，她可以重新投身更廣闊的世界。雖然理想選擇應該是重返她的舊職，但受限於自尊和傳統觀念，她只好從事一些業餘的社會工作。最後，也許是無意識地對自己所處困境的幽默補償，她成為了家庭主婦聯盟（旨在改善家庭主婦的生活條件）的祕書，工作熱心且效率極高。除了監督家中的一名僕人，她將大部分時間奉獻給祕書工作。由於沒有孩子，這種非家務性質的工作非常適合她。

case 9 沒有子女且被忽視的女性

我見過的兩個最嚴重的案例都屬於這類，一個是猶太女性，另一個是較年輕的愛爾蘭女性。她們在症狀及社會家庭背景上驚人地相似，即使將兩人的姓名互換，也幾乎察覺不出任何差異。這類案例的病因可以簡單歸納為：沒有子女、焦慮、被忽視及孤單，主要症狀都包括：焦慮、心臟症狀、疲勞和失眠。

這名猶太女性現年三十歲，步入婚姻十年。婚前她在服飾業工作，身體健康且精力充沛，家族中無任何特定的神經或精神疾病病史。她在二十歲時嫁給一名二十四歲的男士，他同樣從事裁縫業，後來自己開了一間小店，每天早上七點半左右就開始工作，直到晚上九點半才結束。結婚初期，他總是在忙碌了一整天後準時回家，夫妻倆感情融洽。

結婚三年後，妻子因一直未懷孕而極度不安，於是開始求醫，並在接下來的三年內接受了三次手術，但肚皮依然沒有動靜。她因此感到沮喪，尤其在這段期間，丈夫明顯對家庭漠不關心。他經常在午夜甚至更晚才回家，後來妻子發現他沉迷於打牌——事實上已經是不折不扣的賭徒。她起初非常擔心，甚至專程前往紐約，請丈夫的家人勸他改過自新。他們照做了，後來丈夫大約六個月沒去打牌，也更關心妻子。

然而，丈夫的悔改只持續了短暫的時間，之後他變得更加沉迷於賭博，有時甚至連續三四天都不回家。依舊愛著丈夫的孤單妻子便陷入焦躁不安的狀態，更糟的是，她沒有向任何人吐露自己的困境。當丈夫帶著羞愧和悔意回到家，她會狠狠數落他，換來丈夫一週左右的關注和禮物，然而不久後他又故態復萌。最後，即使是短暫、偶爾的洗心革面也變得越來越少，丈夫不是激烈回應她的責備，就是冷淡地不發一語。除了性慾驅使他們共處的時候，其餘時間她「幾乎像個寡婦」。

這則神經官能症病例幾乎發展至接近瘋狂的程度。她的病因包括獨自生活、執著地渴望生育孩子以挽回丈夫的關愛和滿足自己的母性本能、看到幸福的夫婦和他們的孩子所引發的痛苦（這使她避開其他女性和社交場合）、擔心丈夫不忠（這很可能是有根據的）、缺乏明確而穩固的目標、缺乏自信或獨立自主的能力，所有因素綜合起來，導致她的症狀嚴重到必須住進療養院。

這自然觸動了丈夫的良心，他經常去探望妻子，發誓要徹底改變，並承諾每天六點前就結束工作回家。隨著時間進展，她的狀況逐漸好轉，最終達到部分康復。

我無法確定丈夫是否真的信守承諾，或許他有做到。然而，大多數賭徒一旦沉迷就很難戒除，對他們來說，刺激的誘惑遠比那些因為熟悉、歲月流逝及不穩定的激情和愛情而失去魅力的妻子更具吸引力。賭徒通常缺乏責任感，他們的慷慨大方往往只是為了取悅自己。他們容易無聊，對不愉快的事情所能提供的支持和理解很有限。他們唯一持續感興趣的東西是「機運」。

另一名女性也經歷了類似的痛苦，唯一不同的是她最終幸運地被丈夫拋棄，這解除了她的疑慮和恐懼，雖然一度崩潰，但之後她又重新回到了職場。我確信工作只能部分滿足她的需求和渴望，但至少讓她有事可做，並幫助她重新建立跟人的連結，這在她寂寞的婚姻生活中是無法實現的。

case 10

藉由脆弱實現權力意志：家中的歇斯底里案例

案例十是關於「症狀對女性具有顯著價值」的經典例證。當然，這並不是家庭主婦神經官能症的典型案例，除非將極端情況視作典型，所謂的典型通常就是這個意思。例如，我們說老羅斯福是「典型的美國人」，意思是指他極端地展現了某類人的特質。因此，這則案例非常清楚地展示了許多夫妻衝突案例中起初不那麼明顯的事情。

此案例是二十七歲的法裔加拿大女性，但無論外表或說話風格都已完全美國化。她出生於中產階級的農村家庭，後來嫁給農夫，不過丈夫最後放棄了自己的農場，在一個小城市擔任技工。

這名年輕女性天性易怒、自我中心且敏感。在她小時候，一旦有任何事讓她不高興或「刺激到她的神經」，她就會昏倒、嘔吐或陷入「歇斯底里」。因此，家人對她格外小心翼翼，她出嫁時，家人或許都鬆了一口氣。

她很快就對婚姻生活感到不滿。丈夫喜歡喝酒，但尚未到酒鬼的程度。他安靜且沉默寡言，對妻子渴望的快樂活動完全不感興趣。她想參加舞會、上劇院看表演、住在更豪華的房間，尤其她非常喜歡一群時髦亮眼的人，丈夫則粗魯地稱他們為「虛有其表的人」，並拒絕拜訪他們。

夫妻倆經常激烈爭吵，最後總是以同樣的方式收場：她生了某種病。接著，丈夫通常會暫時順從她的意見，極不情願地陪她去見她的朋友。

然而，最後她執意要跟那群人住在一起，他則堅決反對。之後，她出現了一系列令人極為擔憂的症狀：癱瘓、失語、拒絕進食，看起來病得很嚴重，以至於後來向我諮詢的醫師認為她得了腦瘤。

回顧案例病史，再加上缺乏器質性疾病的證據，她被診斷為歇斯底里症。我採用了一些方法緩解她的症狀，但這裡不需詳細說明，主要是向她證明她並未真正癱瘓，並引導她恢復動作和語言功能。

當她恢復到能夠起床走動和自由交談，我向她和她丈夫解釋，這些症狀之所以出現，是因為她的意志受到阻礙，而症狀的部分作用就是讓丈夫屈服。丈夫對此表示認同，但她卻感到被冒犯，並拒絕再來見我——很自然的反應。

可以想見，這對夫妻將過著爭吵不休的生活。這類女性的性格天生如此，她本質上就是個不講理的人，天生需要獲得同情和體諒，然而其性格卻難以被如此對待。她一生只知索求，卻不願給予，也沒有足夠力量去奪取，因此不斷出現情緒危機，伴隨著明顯的身體能量失調，尤其是一些令旁觀者恐懼的症狀，例如癱瘓、喪失視力或聽力、昏厥等。不論症狀的根源是什麼，它們經常被用來引起他人的同情和不適，藉以達成某種目的或意圖。

並非所有罹患歇斯底里症的人（無論男女），都具有這名案例的性格特質。在足夠大的壓力和緊張下，即使是相對正常的人也可能出現歇斯底里症狀，而一般女性亦經常有短暫的歇斯底里反應。諷刺的是，戰爭會在某些男性身上引起歇斯底里症狀，正如婚姻會讓某些女性罹患歇斯底里症。一篇關於家庭主婦神經官能症的評論，幽默地將標題命名為「廚房戰爭後遺症」[35]。然而，當家庭主婦出現嚴重的歇斯底里症狀，這主要是由她的性格引起，而非廚房的問題。

case 11 不忠的丈夫

一夫一妻制建立在一個假設上：對單一男性專情不僅在道德上是正確的，實際上也完全可行。然而，歷史上的丈夫們很可能從未忠實履行對配偶的承諾，在我們這個時代，社會才開始強調統一的道德標準。隨著女性地位提升，她們提出的重要要求之一，就是男性應該跟她們一樣對感情忠誠。因此，當男性出現不貞或不忠的行為，人們的反應會比以往更激烈，因為在更高的要求下，未能達到期望的失落感更加尖銳。

F. C.女士是三十五歲的家庭主婦，外貌和氣質都很迷人，已婚九年，育有兩個孩子。她雖然健康狀況一直不錯，但過去四年變得有些易怒，她將此歸咎於生活經濟壓力，她丈夫是工人，收入只夠勉強維持生計。她表示，夫妻倆吵架的次數「不比其他夫妻多」，恩愛程度也「跟其他夫妻相當」。她的教育水準高於所

35 譯注：原文為「Kitchen Shell Shock」，以類比世界大戰後，不少士兵出現的「彈震症」（Shell Shock），即今日所稱的創傷後壓力症（PTSD）。

在階級，經常閱讀所謂的「先進書籍」，並且「堅定支持婦女選舉權」等議題。同時，她也是盡責的家庭主婦，用心照顧孩子，對丈夫忠誠。他們的性生活正常，在我見到她之前的半年裡，她一直認為自己的婚姻美滿，相當幸運。

晴天霹靂般，她突然發現「愛家」的丈夫長期不忠的證據：一張女裝帳單不經意地從丈夫的口袋滑落至床底，隔日清晨被她發現。那一瞬間，她感到難以置信，她前往帳單上的地址查證，確認丈夫不僅對她不忠，還在孩子們省吃儉用度日的同時資助其他女人。面對突如其來的打擊，她感到極度屈辱，無法承受過往幸福和信任的回憶，在發現表面平靜、知足、體貼的丈夫竟然如此虛偽之後，她的世界開始崩塌，找不到活下去的理由，無助地陷入痛苦中。她可以理解「一時不忠，衝動下屈服於誘惑」，但蓄意策劃的騙局卻徹底摧毀了她的價值觀。後來，由於她罹患嚴重的心因性神經症，她的父母將她和孩子們接回家照顧。

失眠是她的主要生理症狀，且難以處理，需要持續的治療計畫才能成功治癒。隨著睡眠和飲食恢復正常，她大部分的急性症狀都已緩解，雖然仍處在嚴重憂鬱狀態中。

丈夫非常羞愧且懊悔，試圖私下挽回婚姻，但F.C.女士堅決拒絕和解，從她的態度可以明顯看出，兩人已經不可能復合了。她表示，「要不是被發現，他現在還會跟那個女的住在一起。我再也無法信任他了，寧願死也不願跟他一起生活。」

她慢慢恢復了自尊，因為遭受背叛時，最深的傷害是對自我和自我價值的打擊。生命最深刻的努力，是透過增強自己的力量及獲得他人的尊重來提升自我價值，而最嚴重的創傷，莫過於自尊被貶低。當女人將自己奉獻給男人，如果他以溫柔忠誠相待，她的自我感就不會低落；但要是他以公然背叛來輕蔑她，那麼她當初的奉獻就成了最痛苦的回憶。

隨著自尊心恢復，她重新開始關愛並照顧孩子，同時也重新梳理生活目標，形成明確的計畫。在任何混亂的生活中，整頓過程的一部分就是整合分散的目標，重新引導生活的動力。F.C.女士同意接受丈夫為孩子提供的援助，因為這是他的責任，但僅限於此。她打算等孩子大一點就重返職場，自食其力。擬定好計畫之後，她的康復之路就有了穩固的基礎，我深信她會完全康復。然而，對她來說，生活已經變調，未來將面臨許多艱難時刻，但這些都是必經之路，也是康復過程的一部分。

我不打算處理她是否應該原諒丈夫、並回到他身邊這一更大的問題。即使丈夫真心悔改，承諾不會再犯，她永遠無法忘記當初他欺騙她時，還表現得像個盡責的丈夫。她再也無法完全信任他，這徹底破壞了他們的婚姻幸福。讀者也許會忍不住說：「看在孩子的份上回去吧！」嗯，這是復合的唯一有力理由。但整體而言，我認為有尊嚴的女性誠實地反抗並面對分離的事實，總比虛假復合或「委曲求全」地忍受嚴重錯誤更好。

case 12 不忠的妻子

前述案例和接下來要討論的案例，因涉及道德問題，導致醫師在處理上難度倍增。醫學通常無關乎道德評判，在醫師眼裡，聖人和罪人並無差異，只有不遵循醫囑才是不道德的行為。然而，以病人的健康為唯一目標去履行醫師職責，可能意味著要提出跟當今道德規範相悖的建議。這就是真正的「醫師的兩難」。遇到這種情況時，最保險的做法就是謹慎行事，而謹慎會使醫師說：「麻煩另請高明，我只負責看病。」

真正的神經科醫師不應該只把自己視為醫師，還必須是出色的傳教士、精明世故的人，同時具備一點律師的本領。患者期待得到關於私密生活的建議，在他們最艱難的處境（即健康與道德衝突的情況）下獲得幫助。

三十一歲的A. R.女士非常有魅力，十八歲就結婚了。她有兩個孩子，丈夫大她十歲，她表示「大家都覺得他很完美」。他有些古板嚴肅，也稍微自負和愛說教，但是個心地善良、忠實可靠的人，生意更是經營得有聲有色。他是瑞士移民，而她是在美國出生的瑞士後裔。

A. R.女士天生充滿浪漫情懷，但對家庭生活感到極度不滿，有時整個婚姻和穩定的生活都讓她心煩意亂，甚至想要尖叫。她感到厭倦，覺得自己很快就要老去，卻從未真正活過。「我還沒有享受過人生樂趣就結婚了，婚後也沒怎麼玩過，除了……」，除了使她身心崩潰的那件事，讓她開始嚮往原本所厭惡的平靜家庭生活。她的白日夢帶有情慾色彩，但純粹是浪漫幻想，跟實際生活無關。

社會上存在著男女冒險家，他們的主要興趣是征服異性。男性性冒險者分為兩類，第一類較為粗魯，目的是直接占有對方。第二類則可稱為「風流玩家」，他們常在已婚或保持純潔的女性中尋找獵物，且會從容布局，對這類人來說，在征服對方之前，總得先克服一些困難。這些「紳士」的行為通常很粗鄙，在滿足和厭倦之後，就會介入其他家庭以尋求新刺激。毫無疑問，他們有一套自圓其說的人生哲學。

由於本書不是小說，不需詳述其中一名男子如何發掘病患隱藏的慾望，以及他是如何利用她的不滿，誘導她發生一次肉體出軌。當她從錯誤中清醒過來，感到茫然不解，不敢相信自己竟然背叛了丈夫，墮落到最卑鄙的深淵。她斷絕了跟那個男人的所有關係，這可能令他非常驚訝和憤怒，而她則深陷自我責備和內心掙扎，最終導致嚴重神經衰弱。

她自然不會主動提起自己的不忠，因為沒有人知道這件事。丈夫完全沒有懷疑她，只以為她需要休息和做些改變，卻沒意識到這樣的「改變」竟使她崩潰（畢竟大多數的不忠都是出於好奇，想要尋求新刺激，而非真正的激情）。當我察覺某些事困擾著她，她才不得不說出真相。

她坦承自己的困境後，問題便轉向如何面對丈夫。她不再抱怨家庭生活，也不再渴望浪漫，但在背叛丈夫之後，她能否繼續跟他共度餘生？她是否應該對他坦白？然而，她害怕這樣做會對他造成傷害，因為丈夫肯定會原諒她。事實上，她內心的矛盾主要來自於自我貶低，以及對於坦白猶豫不決。

關於自責，我告訴她，雖然她的行為確實愚蠢，但她對自己的懲罰已經夠嚴厲了，這樣的反應表明了她本質上具有強烈的道德感，真正缺乏道德的女人則會繼續出軌，至少不會如此懊悔。至於是否要坦白，我告訴她，如果她能在不坦白的情況下達到內心平靜，最明智的做法便是不揭露那件事。而且，「坦白」這一理想化的想法也許仍帶有些許的浪漫主義。在某些情況下，謹慎地權衡考量比說出真相更有益。我確信她能夠妥善處理，並克服自己的痛苦。

有人可能會質疑我的建議是否符合倫理。我相信在這個問題上，任何倫理學教授都難以達成共識，既然存在意見分歧，我便選擇權宜之計。此外，我確信A. R.女士無需透過向丈夫坦白來減輕罪惡感，她的性格並不是那種需要採取英雄式行徑的類型。她向我坦白就夠了，而且顯然她不會重蹈覆轍，因此無需採取極端的解決方法。

案例十一和案例十二提醒了我們，有必要進一步探討關於「性」的問題。先前提過，夫妻在性生活上遇到的許多困難都可能引發心因性神經症。這裡不適合詳述案例細節，但任何經驗豐富的神經科醫師都知道，在婚姻中，無論男性或女性都可能出現神經官能症。未來有一天，社會將更進步，屆時人們將可以像討論營養細節那樣自在地討論繁衍生命的重要功能。

毫無疑問，女性正逐步擺脫性方面的傳統觀念。在維多利亞時代，英國和美國女性的穿著舉止受到極度保守的規範，而該風氣基本上已經消失了，這無疑是進步的象徵，但是否走向了另一個極端，大家仍持不同觀點。女性的服裝從笨重的長裙，轉變為兼具女性風格和男裝實用性、便於自由活動的裝扮，這明顯是一大益處，使我們不再過度強調性別，而更注重女性的內在特質。然而，從長裙轉變為妨礙行動的緊身短裙，這是從拘謹走向放蕩，不能算是明確的進步。即使是以某種類型的褲裝為基礎，同樣可以展現出藝術和美感。如果女性繼續沉迷於化妝、頂著誇張的髮型、穿著過緊的短裙和愚蠢的高跟鞋扭捏地走路，恐怕難以被完全平等地看待和尊重。

維多利亞時代的文學作品也是如此，當時的作家著迷於所謂的性愛故事或性問題，然而，那些作品並非直白、自由地討論男女關係中的根本難題，而是關注於沒有孩子的悠閒貴婦的困境，或圍繞著微不足道的三角關係。在報紙上連載的沒完沒了的故事中，女性角色的困擾不外乎最可笑的小心眼，她似乎都不用做飯、縫紉或承擔任何責任，而且故事最後總是「甜蜜」收場。舞臺上，少女的流行歌舞表演幾乎完全取代了傳統戲劇，「性」被過度消費到低俗的程度，有時甚至不太適切。

我們的文化過度強調「性」的娛樂層面，看重其刺激和調劑生活的價值，卻忽視其真實的一面。這樣做的目的似乎是持續挑逗性慾，而多數城市兒童都過早地接觸到性方面的刺激。如果這些事物不會使人對婚姻抱持不切實際的期待，對家庭主婦來說原本是無害的。帶有性暗示的服裝、文學、藝術和表演的巨大危害在於，它們使人無法適應「性」的現實面。

晚婚的利弊很難斷定，但可以肯定的是，晚婚會導致婚前性行為增加，以及出生率下降。至於是否因為習慣了獨立生活（因為晚婚的緣故）而讓女性更難適應家庭主婦的角色、讓男性更不顧家，這問題也無法簡單地用「是或否」回答。相較於早婚者，晚婚者在選擇配偶時似乎沒有表現得更成熟或更有智慧，不過，這部分可能要分析離婚數據才能取得確切答案。

避孕措施已成為常態，且其使用率逐年增加，這一點從持續下降的出生率便可清楚看出。我不認為教育是透過某種生物學效應來降低生育力，如果教育真的降低了生育力，那是因為它提供了避孕的原因、影響及預防方式等相關知識。將來，隨著法學家和立法者自己的家庭規模縮減，避孕措施必將合法化[36]。屆時，我們可以更坦率地討論避孕措施與神經健康的關聯，從而緩解現代社會中的一些神經衰弱問題。關於更廣泛的種族問題，則超出本書的討論範圍。

「訂婚者的神經官能症」雖然與家庭主婦的神經緊張不完全相關，但仍值得討論。訂婚情侶享有的自由是當代青年解放的一部分。坦白說，訂婚後的情侶往往會有親密行為，雖然可能尚未進展到性關係，但頻繁和長時間的約會會持續引發興奮和緊張情緒。這段時期雖然甜蜜美好，卻常常導致輕微疲憊，甚至在極少數情況下引發嚴重的神經官能症。整體而言，一般美國情侶通常無法在訂婚期為步入婚姻生活做好充分準備。如何在不影響正常戀愛互動的情況下保持自制，並非易事，但我們可以在衛生教育或健康教育中教導訂婚期保持節制的必要性，這對訂婚期較長的情侶尤其重要，父母、朋友或家庭醫師都可以在這方面提供建議和支持。

男人和女人步入婚姻時，往往不具備正確的性生理及性心理知識。我毫不懷疑，如果夫妻雙方在性事方面擁有智慧和經驗，將避免許多家庭失和與不幸。家庭關係的第一道裂痕，通常源於夫妻在親密生活中的困難，而如果有相關知識，完全可以避免這些困難。在我的核心信念中，理智和愛情可以共存，生活的美好

36 譯注：美國眾議院於二〇二二年通過《避孕權利法案》（*Right to Contraception Act*），但尚未成為正式法律，部分州別更試圖限制避孕權。

不應建立在浪漫無知之上。認為情感會隨著知識啟蒙而消失的人，才是真正的憤世嫉俗者、悲觀主義者。相信理智及知識應該引導本能，從而確保幸福的人，不僅是樂觀主義者，更是理性主義者、現實主義者。

CHAPTER 12

找出內耗根源，從生活對症下藥

個別治療

Treatment Of The Individual Cases

顯然，主要因社會時代而產生的問題，不應完全視為個人問題來處理。然而，我們確實可以針對個別案例進行治療，至少大部分情況下是有效的。一般而言，症狀輕微的案例最為棘手，因為患者和家人都不願承認改變生活現狀跟服藥一樣重要。

大多數家庭主婦在她們自己和丈夫眼中都有點神經緊繃，但照理說不該把她們視為病人。她們感到不舒服，甚至不快樂，卻找不到出路。即便如此，我相信即使在現狀下，適當的調整仍然是有幫助的。當然，如果生活情況中存在無法改變的因素，也許就無法獲得緩解或改善了。

首先必須排除生理疾病，意味著需要進行全面身體檢查，這樣做可以讓許多女性獲得極大幫助。扁平足、靜脈曲張、生殖器官受傷、眼睛疲勞、腸胃道下垂以及其他重大疾病，都可能導致神經緊繃。

排除生理疾病之後（假設沒有生理問題或這些問題已經解決），接下來必須考量患者的生活狀況。這部分比較複雜和困難，需要豐富的社會經驗、對男性和女性的理解，以及良好的溝通技巧。

若患者有任何不良衛生習慣，則需要加以糾正。一個富有的女人可能長期過著耗損能量的生活，躺在床上的時間太久，參加太多午後活動，熬夜次數太頻繁，吃過多的甜食等等，這樣的生活方式不但會造成心理傷害，還會影響消化、生理機能和情緒，對「神經」不利。生活中的某些小細節或不良習慣，就可能導致整個人神經衰弱。

我總是記得幾年前住在麻州一個小鎮時發生的一件事。由於某種原因，我們的暖爐將煤氣排進屋內，差點讓我們中毒。房東找了幾個水管工人過來，他們提出一個又一個激進的解決方案：換新煙囪、換新爐子等等。最後，我和房東親自去查看，在煙囪底部發現一塊不起眼的鬆動磚頭，它讓空氣從暖爐的管道入口下方進入煙囪。後來我們花了十美分買了些石灰，將磚頭牢牢固定，完美解決了專家未能克服的問題。

同樣地，女性通常會在某些地方耗去自己的活力和能量，這樣的耗損可能並非什麼大問題，也很容易改變，卻至關重要。

過度顧家的女人可能會把心思全放在家裡，很少外出；不夠顧家的女人可能會經常去看電影，過度沉迷於這項最流行的室內運動，因而身心疲憊；不注意飲食和腸胃健康的人，可能已經開始了惡性循環，從煩躁、疲勞、最後導致神經衰弱。雖然我們說人類都一樣，但每個人容易出現的困擾類型有很大差異，對大多數人來說不重要的問題，可能會讓一些在其他方面完全正常的人陷入困境。

因此，要留意患者的不良衛生習慣，關注靜態生活帶來的危害，探尋問題根源，例如缺乏運動、飲食習慣不佳、空氣流通不良、睡眠障礙等。先檢查身體上的問題，再深入了解心理狀態。

如果患者有經濟困難，可以調查其工作量、家庭環境以及娛樂和休息機會是否充足。前幾章提到的任何因素都可能是關鍵，擁擠的廉價公寓帶來的喧囂和忙亂也可能是罪魁禍首。並非所有女性在這種情況下都會崩潰，但並不代表這些條件不會使一些較敏感、耐受力較低的女性崩潰（高敏感和低耐受力通常相伴出現）。貧困家庭經常面對最令人沮喪的問題，因為社會機制不足以照顧其受害者，導致他們看不到任何出路。

假設有個貧困女人，帶著三、四個甚至更多孩子，生活在擁擠的環境中，總是過度勞累，由於煩惱、憂愁和生活中的不如意，她經常神經緊繃。她從早到晚辛勤工作，渴望過上更好的生活，卻又對此感到絕望，受挫的慾望和野心讓她飽受折磨。當我們面對這樣的個案，該怎麼做？「窮人憑什麼渴望超越其地位？她為何不接受自己的命運？」安逸的人會這樣問。遺憾的是，即使是哲學家和聖人，也難以認命或隨遇而安，更別說有抱負的女性了。而由於美國文明不斷宣揚「努力奮鬥」的理念，人們很難找到有效的方法來達到內心平靜和接受現狀。

我們必須提供患者營養補充劑，建議她休息，並尋求社會機構協助，設法為她安排假期和康復調養的機會……等等。然而，我們是否能夠讓一個女人放下徒勞的期望和努力，消除她的本能恐懼、甚至是無謂的恐懼？如果患者有足夠的智慧，而且醫師願意投入大量時間和同理心，那麼在一定程度上是可行的。不幸的是，窮人只能在擁擠的診所和人滿為患的藥局尋求諮詢，而過勞的醫師又如何有足夠的時間和精力提供必要的支持？

所需的時間只是最基本的要求，要妥善處理神經衰弱的患者，需要無窮的同理心和耐心，以及無限的精力。如果沒有極大的精力和耐力，醫師要麼自己先垮掉，要麼淪為只會開營養劑和鎮定劑的處方者，或給些「別擔心」、「你要多休息」之類的陳腔濫調的建議。

在治療中上階級或富裕的患者時，我們有更多的資源和方法可以使用。這些人的擔憂往往更顯得更加無謂且可笑，因此可以更有力地予以駁斥。這類案例通常不是由於過度勞累所引起，而是源於單調乏味的生活、對某些事物不滿，以及陷入負面想法和低落情緒的惡性循環，並且可能涉及性生活的困擾、對丈夫反感、無力反抗生活，以及性格無法適應所處環境。

有時，即使我們確定並清楚問題所在，仍無法協助患者克服它們。「真理使人自由」這句話只在非常廣泛的意義上才是真實的。有些性格是天生使然，就跟臉上的鼻子一樣無法改變。對於這樣的案例，一般的身體治療有助於緩解不時發作的急性症狀，這已經是我們所能期待的最理想結果了。

但可以肯定的是，在大多數案例中，我們能做的更多。當一個女人意識到自己的過度盡責、苛求、反抗和不滿，以及她對某些事物的反應是其症狀的真正根源，往往會極為驚訝並釋懷，因為她原本擔心自己罹患腦部疾病、腫瘤或精神失常，或將問題歸咎於其他具體的生理因素。

對於聰明或理解力強的患者，解釋症狀的起因和改善方法會大有幫助。這些人通常希望被說服，不奢求奇蹟，而是尋求諮詢和治療。

我堅信，理智的功能在於控制本能和情緒，即使是天生的性格特質，在成年後也並非不可改變。一旦你讓患者相信她或他的症狀是由於恐懼、擔憂、懷疑和反抗而引起，你就激發了患者努力改變的動力。

我們必須幫助患者建立新的人生觀，減少對生活瑣事的過度關注與反應，降低恐懼並提升耐受力。對於迷惘且漫無目標的患者，我們需要幫助他們設定核心的生活目標，或引導他們尋找人生方向。對於不滿和急躁的患者，應該詢問他們「為什麼生活應該滿足你的所有期望」。「無法改變的事，就學會接受。」這句諺語蘊含著多麼深刻的智慧！人們試圖達到堅韌、忍耐、盡責的理想，這些詞雖然老派，卻能引領人通往真正的心靈平靜。當我們突然面對真實的自己，卸下自我強加的偽裝，並清楚看見內在的嫉妒、急躁、奢侈，以及永不滿足的慾望、自私和不安是如何造成身心疲憊和痛苦，便邁出了真正自我認識的一大步。

如果情況迫使患者必須採取行動，甚至是激烈的「外科手術式」行動，那麼即使會帶來痛苦，也必須立刻進行。結束懷疑和困惑，停止矛盾的糾結，意味著終結難以忍受的生活處境。我腦海中浮現某些家庭情況，例如努力在外表和行為上攀比更有財力和能力的人。

至於性方面的困擾這一既重要又常見的問題，需要丈夫的配合來解決。儘管妻子通常獨自諮詢醫師，但應該讓丈夫參與進來，與他一起深入討論這項問題。丈夫通常願意提供幫助，積極尋求解決方法，因為神經衰弱的妻子對丈夫的耐心和忍受力是一大考驗，因此他也急於幫助妻子康復。

當存在其他方面的衝突，由於涉及影響因素的複雜性，情況會變得更加棘手。特別是財務問題，會逐漸消磨掉伴侶的耐心和包容，醫師也無法開出萬靈藥。正如經濟蕭條時期的自殺率高於繁榮時期，神經衰弱的發作率也是如此。

有時，夫妻衝突的導火線僅僅是一件事或一個問題。我想到兩則案例，其中丈夫的某個習慣傷害了妻子的自尊和情感，使她心力交瘁。當丈夫在這一點上做出讓步之後，妻子逐漸恢復了活力，重拾積極且極有效率的自我。

事實上，治療的基礎在於細緻入微地研究個別家庭主婦的生活狀況，然後針對她的具體情況進行細微**調整**，這可能意味著調整她的整個生活環境，或相反地，幫助她適應生活情境。

在接觸正常已婚夫妻時（而非臨床實務觀察），許多婚姻問題都讓人聯想到吉卜林[37]故事中那隻「自我膨脹過度」的猩猩[38]。成功的婚姻有賴於雙方都能優雅地放下自我，主要的難題在於，人們不喜歡收斂自我。最糟糕的是那些堅決捍衛「權利」的人，這通常只是掩飾個人慾望的一種方式。

我們可以談論千百種男女皆知的事，談論愛情消逝、憤怒滋長，以及不再相互支持和理解——這些都是令人絕望的局面。然而，更普遍且更重要的（雖然不那麼悲劇性），是忽略了日常的細微關懷、愛意表達和尊重。在這方面，男人並不是唯一或最糟糕的罪魁禍首，神經緊繃的家庭主婦往往會變成愛嘮叨和

37 譯注：Rudyard Kipling，英國作家。

38 編注：此處指《叢林奇譚》（*The Jungle Book*）中一度擄走主角毛克利的班大洛（Bandar-log）猴群，他們不斷宣稱自己是叢林裡最棒、最優秀的群體。

指責的人。或許丈夫的神經衰弱源於他對妻子不斷抱怨的反抗，但那又是另一個故事了。

無論如何，男女之間似乎存在著關鍵差異，可能源自性格的本質差異，或因訓練方式不同所致。在美式教育下成長的女性，通常需要周圍的人不斷表達和展現出對她們的同理和支持；相對地，男性則傾向實事求是，而許多女性卻認為務實會扼殺愛情。她們的行為似乎暗示著，表達愛意和理解的細微舉動比主要的責任和義務更為重要，因為這些小舉動更能顯示真實的情感狀態。

在這一點上，大多數的男性和女性似乎永遠無法取得共識。男人對於女人不斷要求關注感到不耐煩，認為那既不合理又幼稚。他全神貫注地打拚，很容易把女人的事情當成小問題，覺得她小題大作、不懂分寸；但他卻忘記了，丈夫的愛是妻子得以迎風而立的錨，是她安全感的來源，對她來說，只有夫妻之間保持親密且充滿愛意，他的努力奮鬥才屬於她。即使是絕對信任丈夫身體忠誠的妻子，也會帶著妒意觀察丈夫是否出現厭倦或缺乏興趣的跡象，或失去了戀愛的熱情和感覺。

結婚後，男性的競爭焦點多轉向事業而非愛情。即使女性不擔心其他女性變成情敵，仍會擔心丈夫把工作看得比她更重要，這種擔憂有其合理性。因此，女性渴望獲得關注和同理，以及日常生活中平淡而穩定的愛，這是她對婚姻的奉獻和犧牲的應有回報。雖然致力於重大使命的偉大人物或許有充分理由專注於工作，但大多數男性並沒有這種藉口，他們的個人事務並不比妻子的事情更重要。出於公平考量，被綁在家中的女性至少在多數閒暇時間中，應該優先享有丈夫的陪伴。如果是雙薪家庭，夫妻雙方都有自己的事業或工作，只能在下班後見面，那麼各自保有一定的獨立性或許是合理的。然而在男主外女主內的傳統婚姻中，男性也應該跟女性一樣在某種程度上放棄自由，這是出於公平和人類福祉的考量。

在醫學上，我們會開立能夠促進食慾、提振精神的苦味補品。對於每位妻子的丈夫，這裡也有一句建議：同理心和關注如同甜蜜的補品，若運用得當，其效力將無與倫比。

CHAPTER 13

我們，都可以過得更好

女性、家庭和婚姻的未來

The Future Of Woman, The Home, And Marriage

真正謹慎且客觀的人從不預言，因為預言者總是處於有利的位置。如果預言實現，便可一輩子吹噓自己的先見之明，而如果預言失準，也無人會費心去批評或嘲笑他。

因此，在討論女性、家庭和婚姻的未來時，我並不打算扮演預言者，畢竟任何時候都可能出現一項發明，徹底改變現狀。此外，我們正處於產業、社會關係以及國家和國際事務的巨大變革之中，無論男性或女性都參與其中，然而最終的結果難以預料，因為歷史上的改革既有成功也有失敗，人類經歷的時代既有進步也有保守反動。

無論傳統家庭主婦的角色是否適合女性，女性主義勢必會持續發展。女性將涉足更多元的職業領域，甚至從政，在權力中心發揮實質的影響力。越來越多職業女性將邁向專業化和個體化的發展，例如成為主管、作家、藝術家、醫師、律師、建築師、化學家和社會學家等，並拒絕接受「婚姻是女人的唯一歸宿」的過時觀念。這些女性要麼選擇獨身，要麼尋求某種安排以便繼續她們的職業生涯。她們可能決定不生育，把家當成公寓酒店，跟丈夫共進早餐和晚餐，其餘清醒的時間則如同兩個各忙各的男人一樣分開。

這種發展雖然可能符合女性主義的進步理念，但從優生學角度來看卻是不利的，也就是說，女性知識分子的價值將從人類種族中消失。至於這些女性的工作是否同等於她們可能擁有的孩子的價值，無人能夠斷言。

儘管如此，實際進入專業領域並持續留在其中的職業婦女相對是少數，女性的主要職能始終是生育子女。如果未來的社會趨勢讓女性偏離這一核心職責，那麼就會出現反向運動，推動女性回歸她們的性別角色。此外，大多數進入工業界的女性將從事低端工作，她們大部分還是願意結婚和生育子女，即使在有限的條件下也是如此。然而，由於她們帶著比傳統女性更廣闊的視野進入婚姻，因此傳統的家庭結構和婚姻關係勢必要跟著改變，即使這樣的改變可能會緩慢發生。

總而言之，我們可以預見女性逐漸走向個體化，並且更加意識到自己的價值和尊嚴，同時越來越抗拒傳統家庭主婦的角色。對於家庭生活的單調和封閉，女性的反抗會日益增加，我們必須不帶偏見地面對這一問題，不應倚賴宗教或政府的權威來迫使女性回歸傳統的「女性化」思維、感受或行為模式。

我們遲早要在法律上承認一件目前已經普遍認可的事實：限制生育[39]。無論我們認為這是好是壞，現代女性不會生養大家庭。即便現代男性愛拿現代家庭開玩笑，他們在節育問題上跟妻子持相同觀點，既然夫妻意見一致，似乎只能接受這一現狀了。

目前大多數專家和學者認為，由於節育措施，世界人口將逐漸由落後、無知及輕率的人群所構成。只需翻閱專門討論種族生物學的期刊，讀一讀相關嚴肅文章，便可了解此問題的重要性。然而，專家、學者可能有些過度擔憂，因為避孕措施已經普及至歐洲、美洲和亞洲，所有種族將很快達到相同的生育水平。此外，除了智能障礙者，所有社會階層都在學習使用避孕方法。智能障礙者的高生育率確實是個威脅，社會可能不得不人為地降低其生育率。

女性步入婚姻之後，通常會在三十五歲前生下一至三個孩子，然後在四十歲左右擺脫家庭主婦的繁重責任。她將如何利用自己的時間？富裕的女性會做些什麼？是否會逐漸投入社區事務？還是會像許多社交俱樂部的女性，參加虛假的文化活動來打發時間？

毫無疑問，女性將比以往更積極參與各項提升人類福祉的社會運動。儘管這樣的生活方式可能對某些女性造成神經衰弱，卻帶來了巨大優勢：母性關懷將廣泛滲透到社會中，進入政治和社會對話領域。任何曾試圖動員社會力量改善人類現狀卻遭遇失敗的人，當面對政客介入所有資金的分配，甚至用於反社會運動，他們都不會否認我們的社會結構過於強調法律主義，而缺乏具有社會關懷意識的母性所帶來的人文主義。

離婚率上升是否反映了對家庭生活的反抗？在某種程度上確實如此。然而，當女性提出離婚，主要原因通常是無法容忍配偶不忠或遺棄，或彼此性格不合。這表明，真正威脅到家庭穩定的不是離婚本身，而是那些目前構成離婚要素的情形。在許多國家，以往男性通姦、家暴、嚴重酗酒和遺棄並不構成離婚的正當理由；但今日，這些行為已經成為離婚的合法依據，在我看來，應該足以宣告婚姻無效。我甚至認為，若夫妻任一方隱瞞了自己的精神疾病或性病，該婚姻也應該

39 譯注：參見 P.205 譯注。

被認定無效，正如美國某些州已經實行的做法。

儘管有人推行「反對離婚」的運動，但除非解決導致人們尋求離婚的根本原因，否則離婚率不會下降。在此之前，硬要將兩個明顯不快樂的人綁在一起，只會助長不忠和虐待行為，而這本身就很殘忍。

我們是否能夠創建一套社會制度，使女性的個性和人性得到充分發揮，同時她們仍願意承擔母親和家庭主婦的角色，這是個嚴肅的問題。我認為，女性無論身為妻子或母親，都將繼續爭取自由。她們將接受越來越多一般和專業教育，並將越來越不適應傳統家庭主婦的角色。這樣的適應不良，以及由此產生的不滿和反抗，將導致她們罹患神經官能症。

換句話說，我們這些不墨守成規，並希望根據現代需求調整制度（而非讓人去適應制度）的人，必須努力找出對當代和未來女性來說，家庭和婚姻條件需要哪些變革。

十九世紀的一個顯著特徵，就是人口大規模向城市遷移。這種城市化運動導致人口集中在特定區域內，因此直接催生了公寓大樓的發展。這意味著，住宅型態從完全獨立且高度個性化的房屋，轉變為至少在某種程度上部分減少家務的合作住宅。這種合作住宅越來越普遍，越來越多的樓房配備了管理員並提供暖氣。最高檔的公寓大廈則朝向酒店式管理發展，但住戶仍需自行處理部分家務。

由於空間有限，以及現代富裕女性渴望盡可能擺脫家務，加上家庭規模縮小（房東也助長了此觀念），房間的數量和面積都越來越小了。對於能負擔更大空間的人來說，帶小廚房的套房是一種新選擇，這種設計理念其實源自貧民窟的窮人，他們長期以來一直在一、兩個房間裡解決所有生活需求。大型現代公寓和出租套房一方面是城市化進程的一部分，另一方面也迎合了擺脫家務的潮流，如第一章所概述。

家被譽為社會的核心、中心和心臟，其優點獲得一致認同和讚揚，無需多言。家不僅僅是物理空間，更是家人凝聚的象徵，父母和孩子的靈魂棲息地。它是教導道德和謙遜的場所，由此培養了對父母、子女和手足的愛，以及同理心和忠誠等基本美德。家的隱私性讓它成為逃離世俗紛擾的避風港，為疲憊的鬥士提供休息與寧靜的庇護所，它是安全的堡壘，正如英國諺語所說：「家是自己的城堡」。家是一種獎賞、一個目標，每個人都夢想擁有自己的家，並為此振奮不已。家的寧靜中貫穿著一條紅色的性生命線，在這裡，愛情合法且受到鼓勵。

然而，家也有很大的缺陷，跟其他人類事物一樣，都不是完美的制度。在承認家有其偉大和必要性的同時，我們也應該以現實主義的態度來分析其缺點。

在物質和經濟方面，由每個家庭各自處理家務必然會導致低效率和浪費。個別家庭往往負擔不起省力的機器和設備，因此只能用小爐子來做飯和取暖，每個家庭主婦或其幫手都需要自己手洗家庭的碗碟。日常採買由女性負責，通常需要在多家市場和商店之間奔波，耗費大量時間和精力。家庭烹飪的品質取決於每位家庭主婦的智力和營養知識，而家庭主婦的智力範圍與其他人一樣，有高有低，其中不乏缺乏知識、愚鈍和粗心大意的人。詩人、小說家和戲劇都歌頌家庭烹飪的美好，但醫師和營養師知道，家庭烹飪千差萬別，就如同家庭主婦之間也各不相同。營養科學的誕生地是實驗室，而不是家庭，我們仍需打破許多關於家庭烹飪和飲食優點的傳統觀念。

就拿鼓勵大吃大喝的週日和某些節日來說，家庭主婦覺得自己有責任在整個週日上午都在廚房裡忙個不停，好讓家人可以在半小時內吃上一頓過量的飯菜。她認為自己的廚藝和飯菜的豐盛程度成正比，因而鼓勵家人暴飲暴食。無論感恩節或聖誕節，在詩歌和音樂的渲染下，暴食的快樂變得感性而神聖。餐桌上堆滿佳餚，最終讓用餐者撐得難受。

儘管我們可以繼續詳述獨立家庭在物質方面的不足和低效率，但還有一個更重要的問題──制式化烹飪很少令人滿意，因為缺乏家庭烹飪無私奉獻、滿足個人口味的初衷。簡單說，就是缺乏服務的精神。

即使是所謂的良好家庭，也會因為家的封閉性和私密性而產生一些問題。許多糟糕家庭更存在酗酒、不道德、爭吵、自私、浪費、殘忍和犯罪等不良行為，這些行為會透過示範和模仿傳遞給下一代。畢竟，我們喜歡空泛地談論家庭、女性、男性、勞動、資本、人類等概念，卻忘了其實沒有一個統一的「家庭」。實際上，家有千百種樣貌，各有不同的生活理念和教育方式，它們唯一的共同點在於，都是基於家庭關係的獨立社會單位。法國哲學家米歇爾・蒙田（Michel de Montaigne）非常中肯地說（大意是）：「泛泛而談的人對人群說『你好』，了解實情的人則跟每個人握手。」

首先，家庭是偏見的溫床，偏見在這裡滋養並發展到極致（這裡展現了我對於泛泛而談的不一致）。父母可能會讓各種愚昧和偏見主導其生活、想法和感受，在這樣的家庭中出生和成長的孩子也暴露在同樣的愚昧和偏見之中。這些古怪的觀念和扭曲的態度，會對孩子的生活產生正面或負面影響，因為孩子要麼接受父母的偏見，要麼反制這些偏見。舉個熟悉的例子，在過度嚴格和謹慎的環境中長大的孩子，通常會盡快並盡可能地徹底拋開傳統的道德及禮俗。這樣的人只是對他們所受的教育過度反應，藉由建立反偏見來反抗其教育中的偏見。

此外，家庭還會助長反社會情緒，或更委婉地說，是非社會情感。愛家的人隨著時間會逐漸形成一種心態，認為家庭之外的其他事情都不重要，「家」是他唯一能真正表達同情心和利他主義的地方。舞臺上（以及現實生活中）的資本家就是如此熱愛他的家和家人，以至於用從其他家庭取得的戰利品來妝點自己的家和家人。沒有人比農民更熱愛自己的家，也沒有人比農民更具個人主義，更關注自己的興盛繁榮。家庭鼓勵了強烈的利他主義，但通常是狹隘的利他主義。當暴風雪肆虐，爐火的溫暖和舒適常常讓我們忘了在風雪中受苦的人。因此，家是保守主義的堡壘，這固然是好事，但家也可能成為反動情緒的根基。脫離家庭和家人羈絆的人，往往能成就偉大事業。

寧靜和諧的家是孕育偉大品德的地方。然而當家庭嘈雜不和，其封閉性和隔離性使得爭吵如內戰般激烈。家庭成員因爭吵而引發的情感強度跟家庭的親密程度成正比，而跟爭執事件的重要性無關。良好的禮儀和寬大的心胸——即包容他人意見，很少在家庭中誕生。

很多人沒有意識到，在許多家庭中，經常發生激烈的爭吵和情感暴力。由於家的孤立性以及缺乏禮儀和規範的約束，家庭成員間的意志經常發生火爆衝突。我們在家裡說出的刻薄言詞，在其他場合會引發最嚴重的肢體反應或徹底破壞友好關係。愛與憤怒、責任與個人利益，在家庭中引發強烈的內心衝突，而兩代人（新生代和老一代）之間的鬥爭在這裡達到巔峰。

我堅信，父母應該教導孩子互相尊重，並對此堅持不懈。愛與親密並不表示可以忽略禮節，禮儀和道德可以並存。如果結婚儀式中加入「尊重彼此」的誓言，其他內容幾乎都可以省略。家庭應成為透過言傳身教來教導包容、尊重和情緒控制的場所。

家庭能否改變，融入更多社會精神，同時保留其巨大優點和對人類心靈的非凡吸引力？這是老生常談的話題，指出缺點和提出批評很容易，提供實質建議以及可行方案卻很難。在醫學領域，診斷技術遠遠領先治療技術，在整個社會領域也是如此。

任何旨在打造類似社會化兵營的計畫，即讓男人、女人和其孩子居住在公寓裡，但在大團體中共進飲食，都將遭到我們這個時代最激烈的反對，除非社會結構崩潰，使我們不得不這麼做，否則不會成功。儘管如此，至少在城市中，將會出現更大規模的合作。建築物必須設計得可以大幅減少個人勞動，正如不斷湧現的合作商店，合作廚房和以服務為目的而組建的社區廚房也將大有裨益，特別是對於沒有幫手的貧困家庭來說，婦女經常為了準備三餐，而忽略自己的休息和孩子的福祉，這樣的發展將提供巨大的幫助。不幸的是，目前運營中的少數社區廚房只考慮到中產階級主婦，而非最需要幫助的貧困家庭主婦。真正的社會服務計畫應該為城市中的貧困人口提供科學、營養、美味的平價食物，這麼一來，醫療負擔將大幅減少，許多因貧困或營養不良而導致的退化[40]和痛苦將在一代人之內消失。

毫無疑問，家庭需要省力的設備來消除許多令人厭煩的家務。然而，發明天才對於家庭主婦的問題只給予了片面關注，大多數設備的價格超出窮人甚至是中下階層的承受範圍，而且這些設備雖然省力，卻不見得省時。評斷家用設備的好壞，應該基於下列標準：

1. 是否有效率？
2. 是否省力？
3. 是否省時？

我們需要擺脫傳統的烹飪設備和飲食習慣，使用無火炊具和自動恆溫烤箱是向前邁出的第一步。放棄那些需要花大量時間在廚房準備的布丁、烤肉和花俏

40 譯注：原文使用「racial degeneracy」一詞，即種族退化，是十九世紀末至二十世紀初的常見概念，通常跟當時的優生學和種族理論有關，由於帶有歧視色彩，目前社會科學已不使用此術語。

菜餚，這不僅可以減輕家庭主婦的負擔，對她的丈夫同樣有莫大好處。崇尚豐盛飲食讓女性（女主人或女僕）在廚房待上三小時或更久，而男性可能只花二十至三十分鐘就吃完，這種做法極為愚蠢。可以快速上桌的簡單餐點，以及女主人無需看管的廚具設備，對家庭和社會而言不僅符合道德原則，也對健康有益。我們不該忽視餐桌上的歡樂，只有消化不良者和禁慾主義者才會蔑視這樣的樂趣，但簡單飲食才是餐桌樂趣的核心。

精緻飲食和暴食在這一點上相似——兩者都會增加家務量，並對用餐者的健康和幸福帶來負面影響。

如何保持家庭的溫馨精神，同時引入更廣泛的社會意識，打破其孤立的個人主義特性，對此我無法提供確切解答。古代文明，如斯巴達，特別重視社會和國家層面，而現代家庭則過度強調家庭面向。我們必須避免極端，既要堅守家庭的美德，也要糾正其缺點。

危言聳聽者不斷警告，婚姻衰退正威脅著社會的核心。悲觀主義者認為，是當今的「無宗教信仰」造成此現象；有人則責怪女性主義，還有一些人認為民主和自由主義是傳統道德衰敗的原因。離婚、晚婚和節育正是婚姻衰退的表現，新聞媒體、宗教界、科學界和政府都注意到這些現代現象，但態度卻大相徑庭。

婚姻正在改變，這一點無庸置疑也無可否認。主要變化在於，女性逐漸以平等的伴侶身分參與其中，這是古代法律所未曾出現的，而現代法律則承認女性的權利。女性不再如彼特魯喬[41]提到他妻子（曾經的悍婦）時所宣稱的，跟馬、牛、驢等家畜一樣，都是男人的財產——古代法律認同男性的這種態度，教會也予以支持，奇怪的是，女性似乎還引以為傲。

隨著女性地位提升（這場革命尚未完全成功），女性逐漸不再被視為男性的財產，但這仍是一種強烈的傳統觀念，深深影響著夫妻的生活和互動模式。相較於男性作為丈夫的職責，社會仍嚴格要求女性履行妻子職責；妻子雖然可以主導許多生活瑣事，但重大事務的決定權仍然掌握在丈夫手中。理論上，每個男人都樂意承認妻子作為母親和持家者的重要性，但實際上，他們往往表現得彷彿

41 譯注：Petruchio，莎士比亞作品《馴悍記》（*The Taming of the Shrew*）中的男主角。

自己的工作才是家庭中真正重要的事。大多數的宗教習俗也依然要求妻子服從。因此，家庭和社會中存在兩種截然不同且相互對立的觀點：第一種觀點認為婚姻意味著女性依賴且本質上處於劣勢，第二種則認為男女在關係中應該是平等的夥伴。我深刻意識到，支持第一種觀點的人會否認這一立場暗示女性的劣勢，然而實際上，正是處於劣勢的一方需要宣誓順從，失去法律權利，並將家庭的「領導權」讓予他人。

這兩種觀點爭論到最後只會有一個結果：兩性平等的現代觀念大獲全勝，進而確立婚姻為平等雙方的契約。與此同時，這些對立的觀點在每個家庭和每個人心中引發衝突，帶來了如同所有爭鬥般的混亂。一旦性別平等觀念被廣泛接受，行為將變得更加明確清晰，家庭也會依照新信念重組，隨後新問題將浮現並得到解決。至於行為將如何改變，會面臨哪些新問題，以及這些問題該如何解決，我無法預知。

不過值得一提的是，我們應該防止完全不適合結婚的人步入婚姻。如同公務員錄用前的體檢，婚前全面的身體檢查將能徹底消除每一代醫師都會目睹的可怕情況。

進一步說，如果婚姻是理想且值得追求的狀態，而且相較於單身是更好的選擇，那麼在我們的道德準則不變，且相信人類必須繁衍的前提下，就應當勸阻過於晚婚的情況。女性結婚的理想年齡為二十二至二十五歲，男性則為二十五至二十八歲。儘管這不是我討論的重點，但我認為超過這些年齡後，保持自制將變得更加困難，不但會助長不道德行為，降低適應能力，並使得選擇伴侶的決策變得不夠明智。然而在當今社會，奢侈品似乎已成為必需品，使得結婚逐漸被視為非必要、甚至是魯莽的浪費。在這種情況下，我們該如何推動早婚？當女性的收入跟男性不相上下，除非能享受更高的生活水準，否則她們更不願意結婚，那麼又該如何推動早婚？晚婚有其弊病，但在當前的社會結構下，我無法看到早婚有取代晚婚的可能性。

先前已討論過離婚。離婚不是罪惡，而是罪惡的徵狀，它本身並不是病症。除非我們認為夫妻應該繼續在互相仇恨、蔑視或恐懼的情況下生活在一起，否則無法減少或根除離婚問題。我們不應該容忍或默許婚姻中的暴力、不忠或個性不合。的確，離婚有時是因為微不足道的理由，但通常是因為夫妻雙方在現代的思維和感受方式上不相容。在某個時代司空見慣的事，在下一個時代可能被視為殘忍，這關乎期望和感受，而非可以透過辯論來解決的問題。

至於避孕措施，無需多言：使用避孕措施的人必然會日益增多，並且很快就會成為婚姻的常態。社會必須承認這一點，立法者則應該將他們自己也在實踐的事合法化。

婚姻、家庭和女性是我們人類生活網絡中的關鍵節點，但並非永恆不變的核心，而是被時間這名偉大的編織者不斷重新塑造。這些節點貫穿了基本本能、傳統、經濟變遷，以及人類不安定的思想、理想和行動。男人永遠愛女人，女人也永遠愛男人，孩子將出生和成長，而性別衝突和不適應始終次於這些偉大的事實。男女如何共同生活，如何撫養孩子，將是女性和其伴侶一起努力解決的問題。我堅信事物的發展總是朝向更美好、更道德、更公正的方向前進。次要的、最引人關注的變化也許會帶來不利影響，但主要的、根本的變化卻總是往好的方向發展。

在紛紛擾擾的新事物和複雜關係中，神經緊繃的家庭主婦正茫然地應對各種挑戰。本書的目的是讓她更深刻地了解自我，從而走向明朗；讓她的丈夫獲得更多同情和理解，並與她建立更緊密、更和諧的婚姻關係；同時也促使醫師和社會尋求直接和間接的方法，來幫助這些焦慮的家庭主婦。

編後記

如果說《82年生的金智英》寫出了當代家庭主婦做牛做馬卻依然不被社會肯定、從而賠上身心健康的駭人現狀，那麼本書就道盡了這種現象背後，從社會脈絡到人心底深處的根本原因。

作者亞伯拉罕．邁爾森是一個世紀前的美國精神醫學權威，作為最早投入自助書寫作的精神科醫師之一，他以不偏不倚的客觀角度，綜合歷史文化、社會現況及臨床案例，點出家庭主婦陷入內耗與不快樂的兩大根源：一、工業化社會對家務工作價值的一再貶低。二、女性主義興起，讓女性有更高的自我期許與心理需求。可以說，是時代的發展加劇了當代女性的內外在衝突，讓她們淪為焦慮、恐慌、神經衰弱等身心問題的好發族群。邁爾森拋開精神分析對無意識的晦澀探討，更聚焦於生活情境對人身心層面的直接影響。

儘管原書出版於百年之前，但邁爾森的深刻洞察，讓書裡諸多觀點至今看來仍恰逢其時，其對女性的心理需求、家務勞動的本質以及育兒的困難等論述，均有獨到之處，也因此讓我們決定，將這本書重新獻給當今的讀者。試想，這一百年來科技發展進步之速，過去科幻作品中的種種想像都化為現實，可家庭主婦的處境卻依舊原地踏步，更遑論如今仍需兼顧繁重家務的職業婦女，這一切豈不讓人心驚？

固然，作者的論述也難免有時代局限，依舊處在傳統二元的性別框架下，且不可避免地融入一些當時蔚為顯學的優生學視角（儘管他不盡然認同這個具倫理爭議的學術領域），以至於在性別觀點上，或有過時的疑慮。再者，隨著精神醫學發展，當時對心理疾病的看法也與如今不同（比如神經衰弱在美國已不被視為心理疾病），用語上也多有差異。這裡得特別感謝字斟句酌、用心補充專業註解的譯者，讓本書得以跨越時空及語言的限制而富有可讀性。

作為出版數十年來持續獲得專業人士好評與推薦、並被認為是二十世紀以來對女性歷史具重要意義的書籍之一，我們誠摯期待本書也能為當代的讀者帶來深刻的反思與有效的幫助。

belle vue 54

那些一家之主的內耗心事

別讓生活中的大小事，磨去你的本來風采！哈佛醫學院教授的溫柔洞察

The Nervous Housewife

作　　者　亞伯拉罕·邁爾森
譯　　者　郭曉燕
總 編 輯　曹慧
副總編輯　邱昌昊
責任編輯　邱昌昊
封面設計　張巖
內文設計　Pluto Design
行銷企畫　黃馨慧

出　　版　奇光出版／遠足文化事業股份有限公司
　　　　　E-MAIL：lumieres@bookrep.com.tw
　　　　　粉絲團：facebook.com/lumierespublishing
發　　行　遠足文化事業股份有限公司（讀書共和國出版集團）
　　　　　www.bookrep.com.tw
　　　　　231 新北市新店區民權路 108-2 號 9 樓
　　　　　電話：（02）2218-1417
　　　　　郵撥帳號：19504465　戶名：遠足文化事業股份有限公司
法律顧問　華洋法律事務所　蘇文生律師
印　　製　通南彩色印刷股份有限公司
定　　價　380 元
初版一刷　2024 年 10 月
I S B N　978-626-7221-74-7　書號：1LBV0054
　　　　　978-626-7221-76-1（EPUB）
　　　　　978-626-7221-75-4（PDF）

國家圖書館出版品預行編目資料

那些一家之主的內耗心事：別讓生活中的大小事，磨去你的本來風采！哈佛醫學院教授的溫柔洞察／亞伯拉罕·邁爾森（Abraham Myerson）作；郭曉燕譯. -- 初版. -- 新北市：奇光出版，遠足文化事業股份有限公司，2024.10
　面；　公分. --（belle vue；54）
譯自：The nervous housewife
ISBN 978-626-7221-74-7（平裝）
1.CST: 女性心理學 2.CST: 兩性關係 3.CST: 家庭關係
173.31　　113012989

線上讀者回函